企业—员工
共同体研究

嵇月婷 ● 著

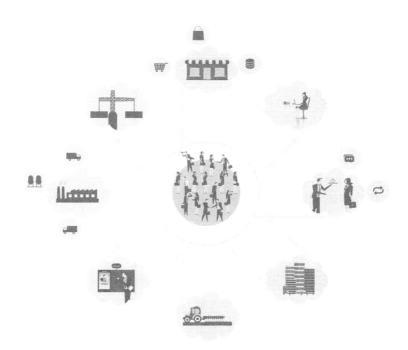

Research on
the Enterprise-Employee
Community

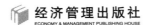
经济管理出版社
ECONOMY & MANAGEMENT PUBLISHING HOUSE

图书在版编目（CIP）数据

企业—员工共同体研究 ／ 嵇月婷著. -- 北京：经济管理出版社，2024. -- ISBN 978-7-5096-9828-0

Ⅰ．F279.23

中国国家版本馆 CIP 数据核字第 2024L60P54 号

组稿编辑：张巧梅
责任编辑：张巧梅
责任印制：许　艳
责任校对：蔡晓臻

出版发行：经济管理出版社
　　　　　（北京市海淀区北蜂窝 8 号中雅大厦 A 座 11 层　100038）
网　　　址：www.E-mp.com.cn
电　　　话：(010) 51915602
印　　　刷：北京晨旭印刷厂
经　　　销：新华书店
开　　　本：720mm×1000mm/16
印　　　张：10.25
字　　　数：167 千字
版　　　次：2024 年 7 月第 1 版　　2024 年 7 月第 1 次印刷
书　　　号：ISBN 978-7-5096-9828-0
定　　　价：88.00 元

目　录

第1章 引言

1.1 选题背景和意义

"铸牢中华民族共同体意识，实现共同团结奋斗、共同繁荣发展的显著优势。"

——中国共产党第十九届中央委员会第四次全体会议公报

"构建人类命运共同体成为引领时代潮流和人类前进方向的鲜明旗帜。"

——中国共产党第十九届中央委员会第六次全体会议公报

"允许混合所有制经济实行企业员工持股，形成资本所有者和劳动者利益共同体。"

——中国共产党第十八届中央委员会第三次全体会议公报

2013 年 3 月，习近平总书记第一次清晰而明确地向世界传递了一个理念："人类生活在同一个地球村里，生活在历史和现实交汇的同一个时空里，越来越成为你中有我、我中有你的命运共同体。"之后的第 70 届联合国大会、庆祝中国共产党成立 95 周年大会，一直到中国共产党十八届三中全会、十九届四中全会、六中全会……从人类命运共同体到社会治理共同体、到中华民族共同体，再到企业中的利益共同体，"共同体"已经成为中国特色社会主义理论中的重要概念

（杨肇中和姚侬，2021）。目前，国内学者对共同体的研究大多集中在政治层面，如人类命运共同体（闫金红，2022）、社会治理共同体（文宏和林仁镇，2023）等，但是很少有学者在工作场所视角下探究员工—企业共同体这一具有中国特色的员工—组织关系。

1.1.1　员工—企业共同体概念的提出

有学者在社会学的层面上刻画了两种人类结合的关系形态：共同体与社会。家庭里的母子关系和父子关系是"共同体"的人类最初的关系形态，这种联系的特点是牢固的结构与归属感。与共同体完全相反，社会的出发点是断绝了一切自然纽带的、绝对独立的个体。他认为，现代个体本质上保持着彼此否定的态度，但仍希望同他人结合，因为他永远希望获得比现在手头更好的东西，故而他会同他人交换，同他人缔结契约。这种联系是由利益考量决定的。

从这个角度而言，现代企业制度似乎应当属于"社会"的表达，因为企业组织中的人是因为利益联系到一起，员工与组织的关系也是基于契约的。然而，也有学者指出，尽管工作场所中的关系最初和潜在的性质是契约的、基于利益考量的，但这可能不是这种关系的全部本质（Rousseau，1991）。我们会发现许多员工对自己的工作很投入，觉得自己和工作以及工作组织有很强的联系，可以感觉到自己身处"共同体"中，有时会为了组织的利益牺牲自己的利益等。因此，在企业中，共同体的关系是可能存在的。

建立企业共同体的好处是显而易见的。从企业的角度而言，建立共同体有助于实现企业的长期发展，也有助于企业实现其企业社会责任。从员工的角度而言，员工与组织的关系在很大程度上影响了员工的幸福感和满足感，员工将企业当成了共同体，不仅可以从中获得物质上的满足，还可以获得情感上和精神上的满足（McMillan & Chavis，1986）。从劳动关系的角度而言，企业共同体思想是解决劳资问题的最佳方式之一。早在20世纪30年代大萧条时期，就有很多学者呼吁用企业共同体思想解决劳资矛盾。他们认为，工会和集体谈判并不能真正解决劳资问题，正如 Albrechat 在 1932 年指出的，"有组织的工人缺少合作诚意，不顾及整体需求和整体利益，脑子里有着根深蒂固的阶级斗争观念"，"工会这个概念与阶级思想密不可分地联系在一起"。Briefs 在 1949 年也认为资本主义的后期发展导致工人倾向革命，而解决这一倾向的关键在于要让工人感觉工厂像家庭，工作是快乐的。因此，工会是一种"社会"的表达，而"共同体"则应该根植于企业内部（邓白桦，2009）。

1.1.2 共同体感知的研究

西方已经有关于工作组织/企业共同体（Workplace Community）① 的研究，但是相比于其他共同体的研究（如人类命运共同体等）而言十分小众。因此，Pfeffer（2006）提出，管理学界对企业共同体的研究存在不足，值得学术界更多地关注。Drucker（1992）也指出，更全面地理解企业共同体是如何建立和维护的，以及企业共同体对组织绩效和员工福祉的影响，将对广义的"组织社会"（Society of Organizations）的持续发展至关重要。为了更好地研究企业共同体，从共同体心理学（Community Psychology）中获得的共同体感知（Sense of Communi-ty，SOC）这个概念可能在这方面有所帮助（Boyd & Nowell，2014），因为共同体感知是一个足够广泛的共同体概念，可以用于基于地理空间的共同体和后工业社会产生的其他共同体形式，包括企业组织（Sarason，1974；McMillan & Chavis，1986）。因此，本书主要研究微观层面的企业共同体感知，以此为切入点进行企业共同体的研究。

Sarason（1974）最早开发和建立共同体感知（SOC）这个概念。SOC 是一种与他人相似的感知，一种与他人公认的相互依赖，一种维持这种相互依赖的意愿，一个人是更大可靠结构的一部分的感觉（Sarason，1974）。McMillian 和 Chavis（1986）提供了最早测量 SOC 的量表之一。他们的共同体感知指数

---

① 对于 Community 这个概念，国内有一些学者也将之称为"社区"或者"社群"（田婷，2017；董津津、陈关聚，2020），这只是翻译上的差别，在本书中，统一称为"共同体"。

(Sense of Community Index, SCI) 测量了四个 SOC 维度：①成员资格（Membership）；②影响（Influence）；③整合和满足需求（Integration and Fulfillment of Needs）；④共享情感联系（Shared Emotional Connection）。这四个维度在之后得到学者的不断发展和完善，成为 SOC 的经典四维度。其中，成员资格是指一个人为了成为共同体的一部分而投资的程度，因此有归属权，成员有归属感；影响是双向的，包括个体对共同体的影响和共同体对个体的影响能力；整合和满足需求是作为共同体成员的回报，满足个体生理和心理需求的程度；共享情感联系是指共同体成员共享的历史，个别共同体成员可能没有参与历史，但他们认同共同体的历史。

虽然西方对于工作组织共同体以及共同体感知已经有了一定的研究，但是一方面由于中西方存在一定的文化差异，另一方面已有的共同体感知的研究很少针对企业这个独特的共同体形式，也缺少相应的成熟范式和工具。因此，本书将基于西方理论、中国情境和工作情境，对"企业共同体感知"这一概念的内涵和外延进行本土化的界定，并开发可以使用的量表。

1.1.3 员工持股与企业共同体建立

共同体心理学领域的部分研究已经对企业 SOC 的前因和结果进行了一些有限探索（Boyd & Angelique, 2007；Boyd, 2014）。这些研究发现了企业共同体感知的个体层面的前因，包括归属需要（Burroughs & Eby, 1998）、员工任期（Burroughs & Eby, 1998）、员工个人主义/集体主义（Love, 2007）等。组织层面的前因包括组织规模、公司福利/服务（Burroughs & Eby, 1998）等。企业共同体感知的积极结果包括工作满意度（Royal & Rossi, 1996；Burroughs & Eby, 1998；Lampinen, Viitanen & Konu, 2015）、组织承诺（Royal & Rossi, 1996）、组织公民行为（Burroughs & Eby, 1998；Boyd & Nowell, 2017）、组织认同（Chioneso, 2004）、角色明晰（Royal & Rossi, 1996）等。从现有的研究可以看出，目前对企业共同体感知前因的研究主要停留在个体层面上，较少关注组织政策对员工共同体感知的影响，而好的组织制度和政策才是建立员工和企业共同体的关键。员工持股（Employee Ownership）通过赋予企业内部员工本企业部分股权，从而使员工有机会享有经营决策权和剩余索取权，这与员工—企业共同体的核心理念不谋而合，因此本书将研究员工持股对建立企业—员工共同体的影响，并进一步研究其对员工行为和福祉产生的影响。

中外学术界已经就员工持股对企业和个人的影响展开了大量的理论和实证研究，大部分研究从企业层次探讨员工持股对企业绩效、稳定性的影响（Cole & Mehran，1998；Pugh et al.，2000；Fang et al.，2015；Bangun et al.，2017）。还有一小部分研究从个体层次探讨员工持股对个人态度和行为的影响（Edmans，2011；Kornelakis，2018）。但是，现有的研究都忽视了从团队层面来研究员工持股的影响。在如今快速变化的社会中，企业越来越依赖团队来应对当今商业环境的复杂性（Ilgen et al.，2005），一项组织政策的落实也往往是通过团队来实现的（Cohen & Bailey，1997）。在过去的 20 年里，企业内团队的话题也激发了大量的学术研究，但是有关团队层面的员工持股效果的研究仍是空白的。

因此，本书不仅从个体层面研究员工持有股权对个体共同体感知的影响，还从团队层面研究团队领导持有股权对团队成员共同体感知的影响，以及对团队成员行为和福祉的影响，从而探讨员工持股制度对构建员工—企业共同体关系的作用。因为我国的员工持股计划与国外的员工持股计划存在区别，并不是真正意义上的全员持股，很多最基层的员工并没有持股的机会，大部分持股的人是中基层领导，因此研究团队领导持有股权后如何影响团队成员也更有现实意义。需要注意的是，虽然这里的团队领导是领导，但也是基层领导，不是高管，因此仍然属于本书的"员工"范畴，参与的仍然是员工持股计划，而不是高管的股权激励①。

---

① 在之后第 2 章的文献综述中，会对这两个概念进行进一步的区分。

1.2 研究问题的界定

本书深入探讨了员工持股制度与建立企业—员工共同体之间的关系，并试图解答两个核心问题：首先，员工持股制度如何通过增强员工对企业共同体的认同感，进而促进员工与企业共同体的构建？其次，员工持股制度是否通过影响员工对企业共同体的认同感，进而对员工的行为和福祉产生积极影响？为了深入理解这一制度的作用边界和具体作用机制，本书设计了三个层次的研究。

在第3章，研究1采用了质性和定量相结合的研究方法，提出了本土化的企业共同体感知概念，并基于此开发了一个稳定有效的测量工具。这为后续研究提供了一个可靠的评估基础。

第4章的研究2则聚焦于个体层面，构建了一个理论模型来分析员工持股对建立企业—员工共同体的影响，并深入探讨了这一影响的具体机制。这有助于理解员工持股制度如何作用于个体层面，进而影响员工与企业共同体的关系。

第5章的研究3则将视角扩展到团队层面，构建了团队层面的理论模型，探讨了团队领导持有股权对团队成员共同体感知的影响，并进一步分析了这种影响是如何转化为员工行为和福祉的。

通过这一系列研究，本书旨在揭示员工持股制度在构建员工—企业共同体中的作用，以及其对员工行为和福祉的潜在影响，为企业管理实践提供理论支持和实践指导。

1.3 研究的创新点

本书以企业共同体相关理论为研究基础，深入探讨了员工持股制度如何通过建立企业共同体来影响员工个体行为及其福祉。本书在以下几个方面展现了其创新性：

首先，本书的研究结合西方理论框架与中国的具体情境，创新性地探索并构建了企业共同体感知的本土化概念和内容结构。通过编制相应的量表，本书的研究填补了中文语境下企业共同体感知概念缺乏的明确定义和测量工具的空白，为中国组织情境下的企业共同体研究提供了新的微观视角。

其次，本书的研究从企业共同体的角度出发，深入探讨了员工持股对企业共同体感知及其结果的影响，尝试揭示持股制度如何通过影响员工与企业共同体的关系来发挥作用，并探讨了这种影响的边界条件。

再次，本书的研究拓展了员工持股对企业和个人结果影响的研究视角。一方面，本书的研究突破了现有研究中对员工持股影响的单一视角，分析了团队领导持股对团队成员共同体感知的影响，为理解员工持股制度的团队层面影响提供了新的视角。另一方面，本书的研究还考察了持股时长对共同体感知及其结果的影响，补充了现有研究中对持股时间重要性的忽视。

最后，基于前人研究并结合本书对企业共同体感知的新定义和结构，本书构建了全新的企业共同体感知框架。该框架从员工与组织、组织对员工、员工与组织互动三个维度出发，分析了建立企业共同体对企业和员工的影响。本书的研究将建立企业共同体的结果归纳为以下三个方面：一是将企业视为资源，满足员工需求，提升员工幸福感；二是将企业视为责任，增强员工的组织参与和亲组织行为；三是将企业与员工视为共同体，强化劳资合作氛围。这一框架的提出为后续企业共同体的研究提供了坚实的基础。

第 2 章　理论和文献回顾

2.1　共同体的概念与发展

2.1.1　共同体概念的源起

共同体（Community）的概念最早是由德国古典社会学家滕尼斯在其 19 世纪下半叶的著作《共同体与社会：纯粹社会学的基本概念》中提出的。这本著作主要探讨了两种人类结合的关系形态——共同体（Gemeinschaft）和社会（Gesellschaft）——的差异性。共同体，指的是由于在情感、依赖、内心倾向等自然感情一致的基础上形成的群体，根据其形成机制的不同可以划分为血缘共同体、地缘共同体以及精神共同体。这种联系的特点是牢固的结构与归属感。与共同体完全相反，社会的出发点是断绝了一切自然纽带的、绝对独立的个体，是以个人意志、成员个性、劳动分工形成的群体。他认为，现代个体本质上保持着彼此否定的态度，但仍希望同他人结合，因为他永远希望获得比现在更好的东西，故而他会同他人交换，同他人缔结契约。这种联系是由利益考量决定的。

在人类发展的历史上，共同体作为一种早期的结合类型，先于现在"社会"

的出现。家庭里的母子关系和父子关系作为"共同体"的人类最初的关系形态，在此基础上衍生出了更复杂的共同体关系。共同体是古老的、传统的、自然的，是整体本位的；与之相对地，社区则是新兴的、现代的，且通常相较共同体有着更大的规模。

涂尔干对共同体与社会的差异提出了进一步的见解。涂尔干认为"机械团结"和"有机团结"分别是共同体和社会的形成特征。涂尔干指出，共同体的机械团结的主要特征是低度的分工、低度的相互依赖、根深蒂固的集体意识，约束性的法律占主导地位。社会的有机团结具有高度的分工、高度的相互依赖，但集体意识更弱，复原性的法律占主导地位，个体在社会中具有高度的个性化差异，但是在高层次的价值观念上具有一致性。共同体是原始和乡村的，而社会是现代和城市的。

虽然从人类社会发展的进程来看，社会相较于共同体更加适应现代人类文明的发展，对应着更高的生产力和更加繁荣的经济状态。然而，国际形势的进一步发展导致共同体的社会形态重新出现。各国之间的相互依存、相互联系逐渐加深，全球化的环境危机、资源危机危害着每个国家。以往以理性、自利、贸易所链接的国际关系，逐渐因为科学技术和外部环境危机导致了相似性，逐渐变为共同体的形态相连接。在这样的情况下，中国提出了人类命运共同体的理念。过去 10 余年的时间里，人类命运共同体的理念在国际上得到了越来越多的认可。

2.1.2　组织中的共同体概念

随着人类命运共同体理念的提出，出现了许多相关的政策和理念倡导。比如对于国家层面而言，习近平总书记在党的十九大报告中鲜明提出"铸牢中华民族共同体意识"。在劳动关系与企业管理的领域，共同体意识也为学术界和实践者带来了启发，开始探究员工—组织共同体/企业共同体的理念价值与实践意义。

学界对员工—组织关系（Employee-Organization Relationship，EOR）的探索已经非常丰富。基于社会交换理论，学者们提出了多种员工—组织关系。例如，比较组织给员工的投入以及员工给组织的回报之间的关系，可将员工—组织关系分为相互投资型、准现货契约型、投资不足型和过度投资型四种类型；将员工—组织关系分为经济交换（Transactional Relationships）和社会交换（Social-exchange Relationships）两大类别，基于中国特色，在这两大类别外还可增加一类亲情交换；另外，要关注负面的员工—组织关系类型，如剥削性员工—组织关系（Perceived Exploitative Employee-organization Relationships）。在现有的研究中，占据主导地位的理论基础就是社会交换理论和公平互惠法则（Blau，1964），学者们认为，不同的交换方式（Employee-organization Exchange）导致了不同的 EOR。

然而，Rousseau（1991）却指出，尽管工作场所中的关系最初和潜在的性质是契约和交换的、基于利益考量的，但这可能不是这种关系的全部本质。Shore 与同事合著的有关 EOR 的一书中也明确指出，在 EOR 研究领域普遍盛行的社会交换与互惠法则需要接受跨文化的检验，一些与文化相关的概念（如中国文化中的"关系"）值得嵌入 EOR 中进行考量。在现实生活中，我们也会发现许多员工对自己的工作很投入，并没有斤斤计较自己的付出和回报，有时会为了组织的利益牺牲自己的利益等。这种非交换关系的底层逻辑就是共同体的思想。

由此我们可以看出，之前 EOR 的研究主要都是将企业看作是"社会"的表达，而社会的本质是交换，因此员工和组织之间的关系也是基于交换的，而无论它是物质方面的交换还是情感方面的交换，如果从共同体的视角看待 EOR，这种员工—组织关系就超越了互惠法则，企业不仅将员工看作是外在于生产系统的投入要素，而且将企业组织视作本身的一部分；员工努力工作与企业共进退不仅是因为想获得企业的回报，而是将自己视作企业这一共同体的一份子。

2.1.3　企业共同体相关研究

2.1.3.1　企业共同体的要素

企业共同体的形成包含一些关键因素（Manion & Bartholomew，2004），也就是说，如果这些因素不存在，那么这个企业/团体就不太可能是一个真正的共同体。这些特征包括包容性、成员的承诺、形成共识的能力、真实感、沉思性、安全感。

（1）包容性（Inclusivity）

共同体在本质上是包容的，这意味着该组织不断地寻找方法来扩展自身并接纳新成员。排他性被认为是共同体的破坏因素，因为它会把潜在的共同体变成一个小团体。然而，包容性不是绝对的。如果有正当的理由可以将某一特定成员排除在外，例如，当该个体加入可能会损害整个共同体利益。将潜在成员排除在外是需要非常谨慎和仔细斟酌的。共同体需要多样性意识，一个具有强烈的共同体意识的团队/组织能够有效地将新成员引入并融入已建立的共同体。

（2）承诺（Commitment of the Members）

承诺是共同体的第二个关键方面。承诺的定义是，即使有潜在的负面后果，承诺也会促使我们继续某一特定的行动。这意味着一个人一旦承诺参与共同体，就有义务坚持到底。在共同体中证明这一点的方式之一是容纳个人差异。另外，个人的承诺是对整个共同体的承诺，它意味着约束自己参与共同体。承诺需要个人的牺牲，放弃一些有价值的东西。

（3）形成共识（The Ability to Form Consensus）

形成共识是将要采取的行动达成决定的一种方式。共识是一个只有在开放和信任的环境中才能发挥作用的过程。它要求所有成员都有机会发言并被倾听。换言之，大家是公开分享意见和观点的，即使出现分歧，大家也会互相了解彼此的观点。Peck（1987）认为，共识不是没有冲突，而是能够解决冲突。事实上，他把真正的共同体称为"可以优雅地战斗的团体"，许多压制或处理冲突的团体暗自认为"没有冲突"是个好兆头，从来没有意识到真正的共同体并非如此。

（4）真实感（A Sense of Realism）

这是指当一个真正的共同体所考虑的问题，且对问题进行更广泛的处理而得到更真实的解决情况。"因为一个共同体包括许多不同观点的成员，并且在共同体里成员们有表达这些观点的自由，所以共同体会比个人、夫妇或普通群体更好地诠释整个情况。"这就是协同作用或相互依存的工作关系的力量，这是"1+1>2"的现象在这里起作用。因此，人与人的协作是积极的，大家齐心协力，事情"一拍即合"，这就是行动中的协同效应。

（5）沉思性（A Contemplative Nature）

一个真正的共同体，里面的每个成员会不断地审视自己。他们有自我意识，既能认识到自己的能力和长处，也能认识到自己的弱点。这可能是从个人层面开始的，但不久就会发展到集体层面。任何一个共同体都不能指望持续健康和充分运作。然而，一个真正的共同体，因为它沉思的性质，"当问题发生时，意识到自身的不健康，并迅速采取适当的行动来调整自己"。在企业中，这一特点更多地被称为责任感。一个真正的共同体不断地审查和自我评估，在需要的时候采取纠正行动。

（6）安全感（A Sense of Safety）

真正的共同体是一个人们感到安全的地方，在那里人们可以安全地表达自己和完全地做自己，而不需要道歉或解释。通过分享错误，一种密切联系的感觉形成并增强了大家的力量。这需要一群人付出巨大的努力和精力才能有真正的共同体的安全感。因此，诚实地表达思想和情感是必不可少的。在营造一种承认"犯错有时是不可避免的，是学习的源泉"的氛围方面，这也是至关重要的。这是企业共同体的强大好处之一。在组织内部环境和外部环境日益动荡和不确定的时代下，共同体内体验到的安全感可以为企业的员工提供一个安全的避风港。

2.1.3.2　共同体建设的几个阶段

除了共同体的这些主要特征外，共同体在发展过程中还经历了一些特定的阶段。建立共同体意识必须建立在一个明确的发展过程的基础上。虽然这些阶段各说纷纭，但 Shaffer 和 Anundsen（1993）提供了一个适用且易于理解的模型。

（1）激动期（Excitement）

激动期是一个愉快的阶段，很像婚姻或关系的"蜜月"阶段。团队的重点是可能性，强调积极的结果和最大限度地减少可能发生的问题。这个时候团队的任务是创造一个共同的目标和愿景。目标可以不是需要完成的任务，共同体的目标可以是互相支持或者创造一个成员可以享受的工作场所。与这一目标保持一致是重要的，因为它有助于成员克服前面的坎坷。这往往需要长期的领导和一个让团队开始进入并度过这一阶段的人。

这一阶段不会持续很久，如果它无限期地持续下去，这个群体更可能符合对伪共同体的描述，在伪共同体中，共同体只是伪存在的。Peck（1987）指出："在伪共同体中，一群人试图通过伪装来假装共同体存在……这是一个无意识的、温和的过程，在这个过程中，想要被爱的人试图通过说一些善意的谎言，隐瞒一些关于自己和他们感受的真相，以避免冲突。"

（2）自主性（Autonomy）

自主性是第二阶段的重点。这个阶段往往决定了一个共同体的成败。在这个阶段，团队的幻想破灭了，成员们经常对彼此感到失望、愤怒和幻想破灭。这一阶段只有当成员放弃和谐的幻想时才会过去。虽然不愉快，但这场矛盾冲突对共同体的发展至关重要，当团队存活下来并保持完整时，这一阶段被认为是成功的。成员强调自己的个体身份，能够将自己的需要与他人的需要区分开来，但仍然致力于满足整个共同体的需要。成员们有意识地选择相互依赖的行动和工作。在这个阶段，对安全感的需求是最重要的。如果成员在共同体内没有安全感，共同体的创建就没有完成。

（3）稳定性（Stability）

在这第三个阶段，共同体成员适应了他们的角色和结构。在这一点上，共同体仍然保持完整，这有助于成员之间对彼此的关怀和对共同目标的承诺。成员们知道他们作为个人是受人尊敬的，但他们也知道"共同体规则"是怎样的。这样可以腾出精力专注于所需完成的任务。这一阶段的一个主要缺陷是，成员可能会变得过于沉迷于自己的角色，而同一成员可能会持续担任领导（制定议程和主持会议）或常驻批评者（提出相反的观点）。让一个人或一个小团体单独担当一个角色太长时间可能会导致倦怠和停滞不前。

（4）协同（Synergy）

第四个阶段为协同阶段，这是一个令人兴奋的、自相矛盾的阶段。在这个阶段，成员们敏锐地意识到他们的个人主义，但他们之间的联系比以往任何时候都更紧密。虽然每个成员都知道自己的贡献和需要，但他们也致力于满足集体的需要。事实上，对个人有利的事情也会对集体有利。在这个阶段，协同效应，即我们的综合能力、才华和长处所带来的优势是显而易见的。这里的错觉是共同体建设已经完成了，然而，所有的系统都在不断地变化，这个共同体也不例外。

（5）转变（Transformation）

这是这个周期的最后阶段，当共同体经历一次消亡，也可能是某种形式的重生。共同体扩展其边界或身份，分裂成更小的群体，或可能完全解散。即使是最成功的共同体也会到达一个自然的终点，此时，成员们的生活注定要迈入新的方向。

2.1.3.3 国内的企业共同体研究

目前国内对企业共同体的研究主要分为两个方面：一是研究企业共同体的构成要素。共同体是一个复杂的概念，因此对其构成要素并没有统一的认识。毕京建等（2016）认为企业与员工的命运共同体应包括共同价值观、共同目标、共同利益、共同成长四个方面。类似地，罗永泰、王连成（2011）认为企业与员工的命运共同体分为成长共同体、利益共同体、价值观共同体、目标共同体四个方面。

二是研究培养企业共同体意识的途径。这部分研究大部分都是属于理论探讨，并没有实证研究。例如，罗永泰、王连成（2011）提出了基于命运共同体视角的钻石模型，分别从人岗匹配、人资匹配、人与企业文化匹配、人与企业战略匹配四个角度挂钩成长共同体、利益共同体、价值观共同体、目标共同体。另外，罗永泰、王连成（2011）认为企业打造命运共同体需要注重五个方面的问题：①让员工精神上富有；②让奋斗者有发展空间；③让员工当好"主人"；④让先模人物受到尊重；⑤让特殊群体感到温暖。

2.1.4　企业共同体的实践

中国的员工—组织共同体实践，体现在对和谐劳动关系的倡导上。在提出人类命运共同体理念两年后的 2015 年，党的十八大明确提出构建和谐劳动关系。同年 3 月《中共中央　国务院关于构建和谐劳动关系的意见》（以下简称《意见》）发布。《意见》指出，劳动关系是否和谐，事关广大企业和员工的切身利益，在经济转型形式上，员工诉求逐渐多元化，劳动争议、拖欠工资集体停工和群发事件较多，需要加强对劳动关系的和谐化倡导和发展支持。在此基础上，《意见》指出依法保障职工基本权益、健全劳动关系协调机制、加强企业民主管理制度建设、健全劳动关系矛盾调处机制、营造构建和谐劳动关系的良好环境等多项举措。

随着政策的倡导，许多国有企业、中央企业和事业单位，作为组织一方，开始积极落实员工—组织共同体的管理实践措施。例如，国铁企业中原铁路开展了"与职工同呼吸、共命运、心连心∣主题宣讲十大讲"，呼吁员工树立主人翁意识，强调组织—员工的共同利益，关注员工收入的呼声和问题，开展"我为群众办实事"活动，比如按照相同排班作息安排员工住宿、帮助落户、帮助孩子上学等，细致入微地落实了员工福利政策。2023 年，传化集团的"传化集团打造职工关爱保障体系，构建职工与企业命运共同体"这篇文章登上了《工人日报》。

该文章指出要加强员工关爱保障体系、与员工共享发展成果以及呼吁员工提高主人翁意识：让职工的观念从"我在传化打工"变成"我们传化"。同时，该文章还强调让广大职工的知情权、参与权、表达权和监督权得到保障。在党的十八大的构建和谐劳动关系意见后至今的近 10 年，还有许多事业单位和组织响应政策号召，从组织一方的角度出发，一方面，积极履行自己作为组织方的职责，以此完善和提升劳动关系质量；另一方面，也循循善诱地倡导员工增强主人翁意识，呼吁员工共建和谐积极的共同体关系。

在国有企业、中央企业、事业单位积极响应政策号召的同时，一些民营企业和国外企业，也在以另外的方式促进员工—组织共同体的发展。这种措施的名称为企业社区/企业社区化。需要指出，社区和共同体本身就是英文"Community"的两种翻译。由于相似的理论基础，企业社区和员工—组织共同体的劳动关系和谐发展措施殊途同归。

微软关于员工社区感培养的管理实践，得到了《哈佛商业评论》的报道。公司通过 Yammer 社交网络平台建立了员工社区。微软的高层重视员工和管理者的跨层次交流，在 Yammer 平台的对话内容自由开放，包括产品策略、员工福利等各种内容。除网络平台外，微软还会定期召开 CEO 直播会，直播会每月一次，对全体员工开放。此外还被录像记录，将重点片段剪辑后保存在企业官网供未参会的员工预览。在 CEO 直播会上，高层管理会汇报本月的商业情况。此外，为了增进高层管理和其他员工之间的距离，对话内容还包括对商业、公司所在行业以及社会新闻的种种漫谈和观点交流。在直播会上还有问答环节，员工可以提出任何与公司、员工有关的问题，予以讨论和回答。此外，微软还进行每周访谈，每次抽取不同的员工采访他们对公司的感受。这一例行访谈是结构化的，包括 20 个核心问题、5 个高管相关问题以及 5 个随着公司发展情况和战略重点而变化的问题，甚至包含收购公司、组织重组等重大决策。此外，社区感的培养还包括了为员工提供个性化支持。微软在网络平台上推出了"行动中成长"系列（"Growth Mindset in Action" Video Series）视频，将知识和教学视频精准推送给有相关技术需求的员工，促进他们在平台上学习、讨论和交流。

除微软外，华为、比亚迪等企业也建立了网络上的企业社区。华为的心声社区允许自由匿名发言，社区的内容包括公司动态资讯，以及亲子、运动、旅行、读书等多方面的业余生活帖文。此外论坛也允许员工在一定程度上讨论和抱怨公司的管理决策，并且会有高层管理人员回帖参与讨论。虽然华为的社区平台在新闻媒体中很少被提及，但是据华为公司内部统计，已有98%的员工使用过心声社区。比亚迪的社区名为"迪迪号"，其功能与华为、微软的社区功能类似，包括员工的日常生活内容分享、技术知识普及等。迪迪号还具有二手物品交易的功能，以及专注于员工生活问题的专题讨论：比如如何度过35岁职场危机、患癌风险科普等。

诸多企业都已经进行了社区化或者共同体的构建。这些实践内容大致可以划分为以下几类：组织增强对员工的福利待遇和个性化关怀；在组织中的公共领域，探讨劳动关系问题和员工福利待遇等问题；组织向员工主动披露企业动态和高层管理人员的相关态度和想法；企业主动向员工寻求对组织的意见和反馈；组织为员工打造交流生活内容的平台。所有这些措施或是增进了员工—组织之间的关系，或是增进了员工—员工之间的关系，它们都是促进组织中形成员工—组织共同体的有效措施。

2.2　企业—员工共同体感知的概念与理论基础

2.2.1　共同体感知（Sense of Community）的概念

随着工作组织/企业共同体概念的提出，Pfeffer（2006）指出，管理学界对工作组织共同体的研究不足，值得学术界更多的关注。Drucker（1992）也指出，更全面地理解工作组织共同体是如何建立和维护的，以及工作组织共同体对组织绩效和员工福祉的影响，将对广义的"组织社会"（Society of Organizations）的持续发展至关重要。而从共同体心理学（Community Psychology）中获得的共同体感知（Sense of Community）的概念可能在这方面有所帮助（Boyd & Nowell，2014），因为共同体感知是一个足够广泛的共同体概念，可以用于基于地理空间的共同体和后工业社会产生的其他共同体形式，包括企业组织（Sarason，1974；McMillan & Chavis，1986）。因此，本书主要研究微观层面的共同体感知（SOC），以此为切入点进行企业共同体的研究。

二战后，共同体心理学（Community Psychology）成为心理学的一个分支学科（Wolff et al.，2015）。早期，Sarason（1974）开始开发和建立共同体感知（Sense of Community，SOC）作为该领域的基础性概念。SOC 是一种与他人相似的感知，一种与他人公认的相互依赖，一种维持这种相互依赖的意愿，一个人是更大的可靠和稳定结构的一部分的感觉（Sarason，1974）。Sarason 的 SOC 理论被普遍接受并被认为是共同体心理学的基础建构之一（Jason et al.，2016）。

McMillian 和 Chavis（1986）提供了最早测量 SOC 的量表之一。他们的共同体感知指数（Sense of Community Index，SCI）测量了四个 SOC 维度：①成员资格（Membership）；②影响（Influence）；③整合和满足需求（Integration and Fulfillment of Needs）；④共享情感联系（Shared Emotional Connection）。成员资格是指一个人为了成为共同体的一部分而投资的程度，因此有归属权，成员有归属感；影响是双向的，指个体在共同体中的影响和共同体对个体的影响能力；整合和满足需求是作为共同体成员的回报，满足生理和心理需求的程度；共享情感联系是指共同体成员共享的历史，个别共同体成员可能没有参与历史，但他们认同历史。

McMillan 和 Chavis（1986）的四因素模型成为 SOC 概念的主要结构，促成了一系列研究，如心理健康（Psychological Well-being）和参与（Community Involvement），并澄清了模型的因素结构（Nowell & Boyd，2010）。简短共同体感知指数（Brief Sense of Community Scale，BSCS）（Peterson et al.，2008）更新并缩短了 SCI 量表，重新设计了量表以提高量表的可靠性，从而更准确地反映了模型的四个维度（Chipuer & Pretty，1999；Long & Perkins，2003）。

Klein 和 D'Aunno（1986）提供了工作场所/组织共同体最早的概念性框架之一，他认为工作组织的 SOC 仅在位置方面不同于其他形式的共同体（Sarason，1974；McMillan & Chavis，1986；Heller，1989）。Klein 和 D'aunno（1986）也借鉴了组织设计权变理论（Organization Design Contingency Theory）（Burns & Stalker，1961；Burrell & Morgan，1979），这表明组织处于更加动态的外部环境中，并因此在组织设计更加灵活、层次结构较少的情况下，组织成员之间的 SOC 可能会增加，这使得对工作组织共同体的探索在美国尤为重要，因为管理层努力寻找在动态的全球市场中获取和维持可持续竞争优势的方法和工具（Ackoff，1981；Peters & Waterman，1982；Porter，1985）。Burroughs 和 Eby（1998）在其基础上开发了唯一一个针对工作组织共同体感知测量的量表，共 6 个维度：同事支持（Coworker Support）、心理安全（Emotional Safety）、归属感（Sense of Belonging）、精神纽带（Spiritual Bond）、团队导向（Team Orientation）、真实真诚（Truthtelling）。

Klein 和 D'Aunno（1986）的概念框架还确定了潜在的工作组织的 SOC 参照对象（Referents），包括组织内员工可能经历的不同层次的共同体感知：个人友谊网络（Personal Friendship Network）、工作团队（Work Group）和组织（Organization）本身。本书关注的是组织本身的共同体感知，也就是企业共同体感知。

Nowell 和 Boyd（2010，2011，2014）通过引入一种称为共同体责任感（SOCR）的新结构，将 Klein 和 D'Aunno（1986）与 McMillan 和 Chavis（1986）的主要架构添加到工作组织共同体研究中。SOCR 补充了 McMillan 和 Chavis（1986）的四因素 SOC 模型：SOC 是一个主要基于需求的结构，SOCR 则强调组织成员对组织的责任感。它被定义为"一种对个人和集体福祉的个人责任感，这种责任感不是直接根植于对个人利益的期望"（Nowell & Boyd，2014）。在工作组织共同体概念的基础上增加了一个新的维度，建立了一个了解需求满足和个人认同对工作组织共同体发展和维护的影响的框架。

2.2.2　共同体感知的理论基础

总结前人的研究，学者们普遍认为共同体感知主要来源于对个体需求的满足，因此下面将主要对基于需求的动机理论（Needs-Based Theories of Motivation）进行综述。

2.2.2.1　弗洛伊德的本能理论

20 世纪早期关于人类动机心理学的一些思想可以追溯到弗洛伊德（1949；1959）的本能理论。弗洛伊德最终形成了两种人类本能：爱欲（或爱）和毁灭（或死亡）。爱欲本能包括人类的性冲动，但作为一种有创造生命欲望的生命力量，它有一个更广泛的整体概念（Freud，1959），它的目的是有效地建立联系并保持联系（Freud，1949）。毁灭性或死亡本能有一个相反的目的：解除这种联系（Freud，1949）。这两种基本本能的同时性和对立性是人类历史上多样性的根源。它们之间的相互作用是由本我、自我和超我这三重人类心理机制来管理的。

尽管弗洛伊德的本能理论尚未在组织研究中得到广泛探索或应用（Deci，1992），但他的观念和构想在当代工作动机研究中很常见，例如，人与人之间关系的重要性（Human Relatedness）、期望等。人的存在的社会组成部分，即关系（Relatedness），在爱欲本能中占有重要地位。同样，当本能力求满足时，预示着期望的概念出现在自我和超我的功能中。正是由于对关系（Relatedness）需求的满足的期望，才有人们对共同体的渴望。

2.2.2.2　弗洛伊德之后以需求为基础的动机理论

Murray（1938，2008）扩展了弗洛伊德的工作。Murray 承认主要的生理需求，如食物、性和哺乳的生物学基础。他进一步提出了一个理论，认为有 28 种与社会情感满足有关的次级需求或心理需求没有嵌入到人类生理中，包括成就、归属、自主、构建、养育、玩乐和拒绝等。Murray 认为，这些社会需求构成了人类个性发展中的一组重要变量。

马斯洛借鉴了弗洛伊德等的研究成果，提出了他的需求层次结构理论：生理需要、安全、归属感/爱、尊重和自我实现。生理需要是最基本、最重要的。马斯洛层次结构中的每一层次的需要都是在满足较低层次的需要时对人产生的主要激励力量。因此，当一个人的生理需求得到满足时，对安全的需求就占了主导地位。解决安全问题（包括人身安全和情感安全）后，对亲密关系和爱的需求就成为该个体的主要关注点，以此类推。在马斯洛的更高层次的需求中，对人的社会本质的关注显而易见。特别是，马斯洛的自我实现不仅涉及实现一个人的全部潜能，还涉及阿德勒（1938）所说的共同体感觉（Community Feeling）。自我实现的人"对人类具有普遍的认同感、同情心和深厚的感情，以及帮助人类的真诚渴望，好像他们都是一个家庭的成员一样"（Maslow，1943）。

White（1959）和马斯洛一样，试图研究人类动机方面的持续发展。White（1959）总结到，人类对环境的有效探索和互动是一种普遍的基于神经（而不是基于躯体）的人类需求，他称之为能力（Competence）。能力需求包含了自我扩展的概念——一个人在控制外部环境时的自我管理的倾向——当一个人在与环境的互动和控制中发展出一种效能感时，他就会得到满足。能力需求的有效动机在人的一生中不断被触发，因为人们会遇到新的环境，并自主地寻求新的环境体验。

2.2.2.3　基于需求的工作动机理论

这种动机理论为"二战"后各种工作场所的激励理论和一般管理理论提供了基础。有学者提供了战后最早的一些研究，发现人类的需求可以被描述和衡量为对成就、归属和权力的需求（McClelland et al.，1953；McClelland，1961）。这些需求是在社会/文化上获得的（而不是以身体为基础）：改进或做比以前更有效或更好的事情（成就）；与他人的社会联系（归属）；对其他人有影响力（权力）。

马斯洛（1965）通过对前人的研究得出结论，与个体心理治疗或高等教育相比，工业为推动社会朝着他理想的精神文化方向发展提供了更大的机会，在这种文化中，所有人都是心理健康、自我实现的，成为共同利益工作的人（Maslow，1961）。马斯洛（1965）概述了 36 个开明管理政策的假设，他认为这些假设是他同时代的管理和组织研究提出的理论所固有的。这些理论主张一种观点，即承认（含蓄地或明确地）人的基本需要，并设法将满足这些需要纳入工业组织的范畴，以造福于个人和组织。在马斯洛看来，这些管理理论的实施和实践，最终不仅对所涉及的个人和组织有益，而且可能对整个社会有益。

与马斯洛（1943）和 White（1959）相似，Argyris（1957，1964）试图将新兴研究纳入对个人与组织如何相互作用的更佳理解中。只有解决个人与组织之间的不一致，才能提高两者的有效性。Argyris（1964）采纳了组织的开放系统视角（French & Kahn，1962），将组织视为一个系统，为解决个人与组织之间的矛盾，需要特别关注将心理能量投入组织系统。假定心理能量存在于个人的需求中，其中能力（White，1959）和自我实现（Maslow，1943）需求至关重要。

Argyris（1964）提出了在组织环境中体验心理成功的两个必要条件：①个体必须拥有自尊并渴望自我实现；②组织必须提供与组织目标相关的具有挑战性的工作机会，在这些目标中，个人在目标设定、工作设计和绩效评估方面享有自主权。他总结到，组织基于 McGregor（1960）的 Y 理论假设，采用 Burn 和 Stalker（1961）的有机形式，聚焦创造性解决问题，并采用参与式的管理实践，是能够同时最大化员工心理能量、心理健康和优化组织性能的。这些组织的特点是：权力下放的决策、基于高度信任和技术/专业能力的协同工作设计、复杂的工作。

Alderfer（1969）在 Argyris（1964）、马斯洛（1943）和其他人研究的基础上，确定了人类的三个主要需求：存在、关联和成长（Existence，Relatedness，and Growth，ERG）。与马斯洛相比，ERG 理论提供了一种更为简朴的人类需求观，尽管这两种理论是相似的。而且，Alderfer 的研究表明，这些需求可能不是按等级排列的。例如，Alderfer 发现，无论一个人的关联需求在多大程度上得到满足，都有成长的需求。

Herzberg 等（1959）在他们的动机理论中对人类需求进行了更为简约的描

述：保健因素和激励因素。该理论既与 Alderfer（1969）和马斯洛（1943）的理论有相似之处也有不同之处。保健因素通常与马斯洛较低的生理和安全需求相提并论，激励因素包括马斯洛对自尊和自我实现的更高层次的需求。保健和激励因素不存在一个双极连续体上，而是两个同时存在的独立需求集合。通过提供良好的工作条件、公平的公司政策（包括薪酬），以及与下属、同事和主管建立积极的同事关系，这些都是在工作中满足了保健因素，不满足这些需求会导致对工作的不满意。在工作中，通过提供成就和进步的机会、工作设计的责任感和自主性、有趣的工作以及对出色工作的认可，满足了激励因素，且满足激励因素会带来工作满意度。

Vroom（1964）提出了激励过程模型（Campbell et al.，1970），以解释在工作场所满足人的需求会如何激励个人和组织绩效。Vroom（1964）认为动机是一种完成特定任务的心理力量。这力量是预期任务会产生特定结果的函数，以及这种结果对个人的价值。结果由成就需求（McClelland et al.，1953）、公平和自我参与（包括与自我实现、自主决策和能力相关的概念）驱动。实际的任务绩效取决于工作动机和能力（如智力、知识、技能）。

Lawler（1973）在 Vroom（1964）的基础上，提供了证明员工对个人绩效的期望导致期望的结果（或报酬）在很大程度上受其组织环境的影响。绩效报酬和积极的人际关系等外部奖励分别有助于解决低层次和亲密关系的需求，而较高层次的需求所确定的报酬则与工作设计和管理/领导风格等因素更为相关。Hackman 和 Lawler（1971）发现任务多样、决策自主性以及对绩效的反馈是满足更高层次需求并因此促进内在动机的重要工作设计因素。Lawler（1973）进一步得出结论，民主管理和参与式领导导致管理者与其下属之间的权力差异减小。这种力量均等化有助于解决个人对独立（或决策自主权）、能力（或有效绩效）和自尊的更高层次的需求。反过来，这可以通过更好的组织决策来使组织受益，因为员工拥有相关信息，参与决策过程，并且他们的自身利益与组织的利益保持一致。

综上所述，这些基于需求的工作动机理论有几个共同的主题。第一，动机的一个常见特征是，它是一种心理力量，促使人们在追求需求满足的过程中采取行动。第二，所有以需求为基础的动机理论都与马斯洛最初的需求层次理论有相似之处，尽管具体需求定义的广度或特殊性有所不同。第三，所有这些都包括一些生理/生存需求的定义，如食物、住所、人际安全（通常被称为较低层次的需求）。第四，这些需求包括的社会归属感或关系需求是有效的工作动机的重要因素。第五，所有这些都包括一些关于员工个人成长和自我实现的描述，这是工作动机的核心。这种成长需要包括个人能力和个人自主/责任的概念，以做出对组织有意义的决定。重要的是，马斯洛的自我实现并不局限于充分利用一个人的技能和能力，他指出自我实现是为了服务他人和支持良好社会的发展。总体而言，正是由于个体有对关系的需求、对归属感的需求、对个人成长的需求等，才有了人们对共同体的渴望，这也是建立企业共同体的意义，一方面为了满足员工更高层次的需求，从而促进员工的福祉；另一方面为员工提供了内部动机，从而提高了组织绩效。

2.3 企业—员工共同体感知的影响因素

2.3.1 基于共同体感知四维度的影响因素分析

按照 McMillian 和 Chavis（1986）对于共同体感知的四维度划分，对共同体感知的引发因素也可以大致纳入如下四个维度中。

2.3.1.1 成员资格

成员资格让个体感受到自己与组织有联系，与组织外的他人有明确边界。Boyd 和 Larson（2023b）的研究发现，近端部门文化（Proximal Departmental

Culture）让部门内部的员工感到更加亲近，并以此增强了员工在部门内的社区感。在这一维度中，有学者还指出，对组织的投资能强化这种成员身份感。Cicognani（2012）的研究指出，合伙人（Partner）感知到的组织社区感通常强于员工，这可能是因为他们除了对组织的管理投入了精力，还投入了金钱资本。

2.3.1.2　影响

相较于成员身份，SOC 的第二个维度"影响"得到了更多的研究。影响包含了员工感知到的自身与组织之间的双向影响。在员工对组织的影响感知上，内在工作动机（Intrinsic Value of the Work）能增强员工对工作的认同感（Identify the Work），这可以进一步增强员工对自身工作在组织中重要性的感知，感受到自己的工作对组织而言具有价值，能够发挥一定作用（Clark，2002）。家族型文化鼓励员工参与组织中的决策和交流（Clan Culture）（Hartnell et al.，2011），并能增强员工的社区感（Boyd & Larson，2023b）。Hutter 等（2017）的研究发现，参与组织的公开战略讨论（Open Strategy）（Stieger et al.，2012），在论坛中对组织的战略提交自己的想法，对组织的战略评价和投票都会增强员工对组织中决策过程的参与感，提高虚拟社区感，进而增强其社区感。在人种和民族上的少数群体会带来相反的作用，少数群体的身份让他们感受到与周围的同事缺少相似性，并因此感到更少的赋能，影响和改变组织社区的意愿也更低（Clark，2002）。这些研究结果证实了员工感知到自身对组织产生的影响会增强其 SOC（McMillan & Chavis，1986）。从相反的角度，感知到组织对自身产生影响也会增强其 SOC。McMillan 和 Chavis 指出其中一种员工受到影响的方式是遵从组织的规范（Norm）。Uysal（2016）的研究指出，在组织的社交系统中寻求支持、给出支持、观察到他人之间的相互支持以及分享自己的经历，都会强化在组织的网络社区中感受到的行为规范，让组织中的成员更加趋于一致，并增强 SOC。

2.3.1.3 整合和需求满足

整合和需求满足指的是个体在组织中得到的满足感。从定义上看，McMillan 和 Chavis 指出这是一种强化（Reinforcement），即对员工的任何心理满足都可以进一步强化其社区感和想要留在组织中的意愿。比如，领导对下属的家庭情况的关心，即关注家庭的监督（Family-sensitive Supervision），会满足员工的心理需求，增强其 SOC（Clark，2002）。Welbourne（2016）的研究指出，职场不文明（Workplace Incivility）会令员工对工作场所和组织感到不满，而这种心理需求未被满足的状态会削弱 SOC。除了直接满足员工的需求以外，McMillan 和 Chavis 还从这一维度指出，组织可以通过价值观的塑造，去影响员工的需求，进而让其在追寻自身需求满足的过程中，为组织带来更多的利益。Cicognani（2012）的研究验证了这一观念，研究发现员工在组织中的地位越高，对组织价值的感知（Perceived Organization Value）也越强，这种对组织观念的认同强化了 SOC。

2.3.1.4 共享的情绪联系

McMillan 和 Chavis 最初将共享的情绪联系定义为，由于共享的历史或者对同一段历史的认同而产生的情绪联系。但从宽泛的角度，这一维度也包含了高质量的社交和组织内的事件带来的积极情绪（McMillan & Chavis，1986）。一种常见的视角是探究更加丰富和亲密的社交如何引发 SOC。比如，White（2010）和 Stein（2006）发现使用多种社交渠道时，由于信息丰富度的增加，个体会感受到更亲密的关系，并产生更强的 SOC。White（2010）发现，这种信息渠道的差异同样在员工的组织地位和 SOC 之间发挥着作用。对于地位较高的员工，他们有更多的机会和高层领导面对面交谈。由于高层领导在一定程度上代表着整个组织，通过这种交谈，高层的员工会对组织整体感到更强的 SOC。组织的基层人员由于缺少与组织高层管理者面对面交谈的机会，多数情况下只能通过信息丰富度更低的社交渠道接收到来自高层的信息，所以对于组织整体的 SOC 更弱。然而，由于能够与部门内的他人面对面交谈，基层员工对自身所在的部门仍有较高水平的 SOC。值得注意的是，这种对于员工的组织地位和 SOC 之间关系的解释与 Cicognani（2012）从感知组织价值的角度给出的解释不同，但是却得到了同样的结论，即员工地位越高，对组织整体的 SOC 越强。

2.3.2　工作场所共同体感知框架（Framework of SOC at Work）

对共同体感知前因变量总结最为全面的是 Burroughs 和 Eby（1998）提出的工作场所共同体感知框架（Framework of SOC at Work），这一模型在之后学者的研究中不断得到完善，如图 2-1 所示。

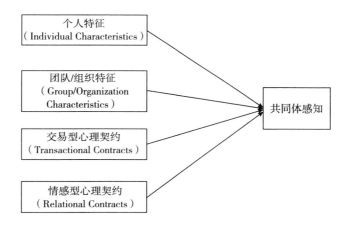

图 2-1　工作场所共同体感知框架

Burroughs 和 Eby（1998）将影响共同体感知的因素分为三大类：第一类是个体特征，如性别、工作年限、个人特质等（Davidson et al.，1991）；第二类是团队/组织特征，如团队/组织规模、熟人人数等（Schumacher，1973）；第三类是心理契约，包括交易型心理契约和情感型心理契约。

首先，个体员工特征可能是工作场所 SOC 研究最多的前因。很多研究表明，这些特征会影响一个人的共同体感知。例如，Lambert 和 Hopkins（1995）对一家制造公司的研究发现，共同体感知在性别和种族方面存在差异，而非洲裔美国妇女的在职经历与共同体感知呈负相关。Pretty 和 McCarthy（1991）没有研究种族问题，但是他们发现了男女之间的差异。例如，对于女性管理者和男性非管理者，主管支持（Supervisor Support）与共同体感知呈正相关，而对于男性管理者和女性非管理者，团队中的同伴凝聚力（Peer Cohesion）与共同体感知呈正相关。类似地，Lambert 和 Hopkins（1995）发现，对女性来说，决策的投入（Input into Decision）是共同体感知的重要前因变量，而工作团队的支持（Workgroup Support）对男性来说则是重要的。任期（Cicognani et al.，2012）也被发现与共同体感知呈负相关，而归属感需要（Burroughs & Eby，1998）和集体主义（Love，2007）与共同体感知呈正相关。此外，公共服务动机（Public Service Motivation）被认为是 SOCR 的前因（Nowell et al.，2016）。

其次，工作团队/组织特征也被确定与 SOC 显著相关。Burroughs 和 Eby（1998）发现工作团队规模与共同体感知呈负相关（团队越大，越不可能有共同体感知）。Stein（2006）发现管理层选择的沟通工具会影响员工的共同体感知。具体而言，面对面会议和电子邮件与部门层面共同体感知正相关，而有效利用公司互联网则与组织层面共同体感知正相关。组织政策、服务和福利是影响员工共同体感知的重要组织特征（Burroughs & Eby，1998）。晋升机会和家庭响应政策（Family-responsive Policies）（Lambert & Hopkins，1995）对共同体感知具也有重要意义，员工对组织如何有效地执行其所支持价值观的感知也很重要（Cicognani et al.，2012）。

最后，心理契约对共同体感知的影响研究较少，Organ 和 Konovsky（1989）发现心理契约的实现会显著影响员工的共同体感知，Burroughs 和 Eby（1998）发现关系型心理契约而非交易型心理契约对共同体感知具有重要影响。

因为本书研究的员工持股/客观所有权会影响员工的心理契约，而心理契约又会影响个体的共同体感知，因此本书主要研究心理契约在客观所有权与共同体感知之间的中介作用。以下对心理契约的研究进行综述。

2.4　企业—员工共同体感知的影响结果

共同体感知的理论结果植根于人类的需求和期望理论，并围绕两个研究领域展开：共同体感知与幸福感的关系，以及共同体感知作为亲社会行为的激励因素影响员工的工作态度和行为。

2.4.1　共同体感知与幸福感（Well-Being）

共同体感知与幸福感的关系是建立在这样一个概念之上的，即共同体感知是由个人的需求与共同体环境相互作用而产生的（McMillan & Chavis，1986）。从这个意义上说，共同体感知是当共同体作为资源（Resource）来满足关键的需求时产生的，比如对关系、影响和情感的需求（Nowell & Boyd，2010；McMillan，2011）。从理论上讲，满足这些需求会带来更健康的心理和幸福感。

有几项研究试图检验这种关系。最早的研究之一是由 Davidson 和 Cotter（1991）进行的。他们以城镇为主要对象，考察了共同体感知与居民幸福感的关系。正如预测的那样，他们在三个独立的居民样本中发现共同体感知与所有幸福感指标都存在显著的正相关关系。同样，Pretty 等（1996）也发现共同体感知与青少年孤独感呈负相关，与主观幸福感呈正相关。Prezza 和 Pacilli（2007）对青少年共同体感知与孤独感的关系进行了验证，他们发现共同体感知较高的青少年，其孤独感水平较低。

自那以后，这一研究领域已经扩大到考虑共同体感知作为共同体的物理和社会特征与个体结果之间的媒介作用。例如，Prezza 和 Costantini（1998）研究了共同体感知与小、中、大城市地区的健康和生活满意度指标之间的关系。他们发现共同体感知与小城镇个人的生活满意度、社会支持感和自尊呈显著正相关。然而，这些感觉在人口更密集的城市环境下减弱，这表明当共同体更小时，共同体感知可能与幸福感有更强的关系。Farrel 等（2004）研究了共同体的建筑和人口特征与居民的幸福感之间的关系。他们发现共同体感知是幸福感的直接预测指标，也是共同体特征和幸福感之间关系的重要媒介。Peterson 等（2008）发现共同体感知与心理赋权和心理健康之间呈正相关，并发现共同体感知与抑郁症呈负相关。

总的来说，这些研究为这样一个命题提供了支持，即那些感到嵌入到共同体环境中的个体可能在心理上更健康，幸福感更高。例如，Greenfield 和 Marks（2010）发现，共同体感知减轻了童年期间经历的身体和心理暴力带来的心理阴影。

员工的心理健康和幸福感一直是管理学学者共同关注的问题。根据到目前为止提出的逻辑，共同体感知是由个人的需求与共同体相互作用而产生的。按照这一思路，当组织环境提供的资源影响到员工对其需求得到满足的看法时，就会产生共同体感知。将这一点转化为企业环境，随着员工对需求满足的感知增加，共同体感知将会增加，这将导致员工更高的幸福感，以往的研究也在多种理论的角度解释了共同体感知如何增强员工的幸福感（Purkiss & Rossi，2007；Lisa & Charles，2013；Boyd & Nowell，2017）。比如，从自我决定理论（Self-determination Theory）（Deci & Ryan，2000）的角度，个体有追求积极社会关系的基本心理需求（Basic Psychological Needs）。SOC 是个体在组织中感知到的社区感，是对社会关系的一种积极评价，因此，SOC 能够满足员工的基本心理需求，增强其享乐主义幸福感（Hedonic Wellbeing）（Lisa & Charles，2013）。在资源保存理论（Conservation of Resources（COR）Theory）（Hobfoll，1989）的角度，SOC 作为一种积极的社会关系感知，可以被视作积极的心理资本。Scotto Di Luzio 等（2019）的研究发现 SOC 能够增强员工的活力（Vigor），也即员工在情绪维度的能量存储（Shirom，2011）。另一个以资源观为基础视角的概念是倦怠（Burnout），即组织对员工的过度需求超过了组织提供的资源所引发的员工的消极状态（Gallego & Fernández-Ríos，1991）。在西班牙的样本中，Asensio-Martínez 等

（2019）的研究发现，SOC 能够减弱员工的倦怠。另一个被用于解释 SOC 增强幸福感的角度是社会支持（Social Support）。Cowman 等（2004）的研究指出，SOC 能够增强员工的感知社会支持，进而减轻工作压力。总之，SOC 被视作一种积极的组织内的社会关系，增强员工的幸福感。

Boy 和 Nowell（2010）的 SOC/SOC-R 模型与 McMillan 和 Chavis（1986）的原始模型对亲组织行为的解释差异，同样为 SOC 与幸福感之间的关系带来了不同的解释。上述的研究都集中在资源观的视角上，认为 SOC 作为一种积极的资源满足员工的需求，对员工的幸福感产生积极影响。然而 Boy 和 Nowell（2010）的模型直接强调了 SOC 引发的亲社会的行为。在心理学领域，已经有许多研究指出亲社会的行为可以通过多种途径增强个体的幸福感，比如提升施助者的自我评价和对自身能力的感知、增强自身的意义、提供积极情绪、帮助施助者将注意力从自身遭遇的问题和压力上转移开等（Hui, et al., 2020；Hui, 2022）。

2.4.2　共同体感知对工作态度和行为的影响

关于共同体感知结果的第二个学术分支认为，共同体感知从根本上说是一种关于人的动机的理论。它假设人类有动机以他们认为会提高其需求得到满足的可能性的方式行事。它预测以共同体为导向的行为是一种基于这样的期望而采取的理性行动，这种行为将创造一个更可能满足一个人需求的共同体环境。在这一逻辑下，当共同体满足一个人的需要时，成员可能会参与到各种重要的社会活动中，例如，更多的公民参与度，进行更多的加强共同体建设的努力等。因此，共同体感知会激发个体的责任感（Responsibility）。

基于 Nowell 和 Boyd（2010）的研究，共同体感知背后的另一种互补的动机逻辑基于价值观的视角。共同体感知作为责任的基本前提是基于 March 和 Olsen（1989）所说的适当性逻辑。这一逻辑认为，个人通过接触和融入各种机构（如家庭、教堂、学校、专业协会、社会团体），发展个人价值观、原则、理想、信念和关于在特定社会背景下什么是适当的信仰。这些个人信仰系统随后起到指导行为的作用，因为个人寻求心理上的一致性，即包括：①他们认为这是一种什么样的情况；②他们认为自己是什么样的人；③像他们这样的人在这种情况下应该如何行动（March & Olsen，1989）。应用于共同体感知，这一逻辑为理解共同体感知提供了基础，包括对共同体及其成员福祉的责任感。这种心理上的责任感产生于个人对共同体环境的感知和他们关于自己与这样一个共同体的关系应该是什么的个人意识形态之间的相互作用。

他们的研究强调，与某一特定共同体的联系会唤起个体对共同体福祉的责任感，而这种责任感又是促进共同体成员行为的心理动力。无论是出于提升共同体作为个体资源价值的愿望，还是出于对共同体福祉的责任感，抑或是出于两者的某种结合，都有重要的实证支持，即报告共同体感知水平较高的个人也更有可能从事亲共同体的行为。目前为止，对这种关系最早和最严格的检验之一是 Chavis 和 Wandersman（1990）的纵向分析，他们在一年的时间里研究了共同体感知和居民参与的关系。与共同体感知理论一致的是，他们发现共同体感知和参与是相互依存的。

在组织管理领域，共同体感知被认为能够培养积极参与、有意识、以公民为导向的员工队伍。员工进入组织环境时具有社会责任的规范倾向（Cohen，2007）。然后，组织文化和管理系统，以及环境中的员工体验，可以通过改变个人对组织的责任感和更多参与的动机来与这些员工价值观互动。在这一逻辑下，当组织满足个人需求并唤起责任感时，员工可能会从事各种重要的亲组织行为，如组织公民行为（OCB），这也在组织研究文献中得到了支持（Lavelle et al.，2007）。

在目前的研究中，SOC 对于工作和组织引发的行为和态度结果，多以积极结果为主。SOC 作为一种对组织以及组织中社会关系的积极感知，能够引发员工在组织中的积极行为和态度，为组织带来利益。但是 SOC 引发亲组织行为的理论解释是存在争议的。McCole（2015）的研究指出了这种矛盾性，该研究发现 SOC 会减弱员工的离职倾向（Retention）。在 McMillan 和 Chavis（1986）的原始模型中，SOC 描述了员工在组织中需求得到了满足的状态。与原始模型相符的一种理论是动机强化理论（Reinforcement Theory of Motivation）（Skinner，1938）。该理论指出员工在社区感中得到的需求满足可以被视作一种对动机的强化，增强员工在组织中继续工作的意愿。从这样一种互惠的视角出发，可以解释 SOC 引发的种种亲组织行为。

然而，根据 Nowell 和 Boyd（2010）的模型，SOC 所包含的责任感维度，本身会强化员工的亲组织行为。员工做出亲组织行为时并不期待组织为其带来回报作为交换，甚至可能是以自身利益为代价的（Nowell & Boyd，2010）。从责任感的模型出发，SOC 所引发的亲组织行为不是一种基于社会交换的理性选择行为，而是直接因为认同和追随组织的价值观与目标、重视他人利益而做出的。Boy 和 Nowell 在后续研究指出，SOC 和 SOC-R 均会增强员工的 OCB 以及工作投入，但是相较而言 SOC-R 与 OCB 的关系更强（Boy & Nowell，2017，2020）。以此验证在理论层面，以 SOC-R 去解释 SOC 所引发的亲组织行为应该相较于心理满足引发回报行为的观点更加合理。

2.5　文献述评

首先，西方学者已经从心理学的角度对共同体感知这个概念进行了一定的研究，例如，McMillan 和 Chavis（1986）的四维度模型以及 Nowell 和 Boyd（2010）的五维度模型，形成了共同体感知这个概念的经典构成。但是这些量表大多测量的是广泛的共同体感知，并不是专门针对企业组织，另外，专门测量企业共同体感知的只有 Burroughs 和 Eby（1998）开发的六维度量表，因此目前测量共同体感知的量表对企业/工作场所的特殊性考虑不足，有待于进一步研究。另外，共同体感知的量表都是在西方情境下开发的，其概念和题项的生成理论大多是基于西方的现有文献，可能没有完全捕捉到中国文化背景下企业共同体感知的独特性和完整性，因此，中国文化背景下企业共同体感知的结构和测量有待于进一步研究。

其次，共同体心理学领域的部分研究已经对工作场所共同体感知的前因进行了一些有限探索（Boyd & Angelique，2007；Boyd，2014），但主要停留在个体层面，较少关注组织政策对员工共同体感知的影响，而好的组织制度和政策才是建立员工和企业共同体的关键，因此本书将研究员工持有公司股权（Employee Ownership）对培养员工共同体感知，即建设员工—企业共同体的影响，并进一步研究其对组织发展和员工福祉产生的影响。

再次，国内外学术界针对员工持股实施效果的研究主要集中在企业层面和个体层面（Blasi et al.，2016），还很少有文献从团队层面研究员工持股的影响，但是团队是现代企业中非常重要的组成部分。根据"船模型"理论（Hond & Bakker，2007），企业层面的政策效果很大程度上是通过团队来进行传导的。以员工持股计划对员工共同体感知的影响为例，如图2-2所示，企业实施员工持股计划后，一方面持股的员工直接因为持股而影响其个人的共同体感知，另一方面很多没有机会持股的员工是通过团队领导持股对他们的影响而产生共同体感知，两者结合起来才真正形成了整个企业的共同体感知的氛围。因此本书无论从个体层面，还是从团队层面都对员工持股构建员工—企业共同体的影响进行了研究。

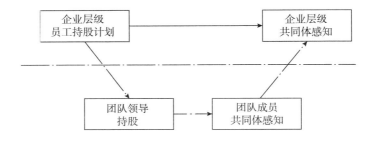

图2-2　员工持股计划对共同体感知影响的"船模型"

最后，在共同体感知的影响结果方面，目前的研究主要集中在福祉（Well-being）和参与（Community Engagement）方面，本书根据工作场所的特点，结合劳动关系领域的研究，提出了适合工作场所情境的企业共同体感知研究框架，从员工对组织、组织对员工、员工与组织之间的互动三个角度分析了建立员工—企业共同体之后对企业和员工的影响。

第3章 企业—员工共同体：
概念界定与量表开发

企业—员工共同体是一个涵盖广泛的术语，它涉及员工与企业之间的多种联系和互动，包括但不限于组织文化、价值观共享、团队合作、社会支持以及归属感等多个维度。由于这一概念的广度和复杂性，直接对其进行研究可能会面临诸多挑战，包括难以界定其具体内涵和外延，以及难以量化和测量。

为了更精确地探索和理解企业—员工共同体的内在机制，本书选择了一个更为聚焦的切入点——企业—员工共同体感知。感知是员工对企业共同体存在和价值的主观体验和认识，它直接影响员工的行为和态度，是连接个体与组织的关键纽带。通过研究企业—员工共同体感知，我们可以更深入地了解员工如何感知和体验他们与企业的关系，以及这种感知如何影响他们的工作表现和福祉。

因此，本章开发了一套针对企业—员工共同体感知的概念界定和量表，旨在通过量化的方式，捕捉员工对企业共同体的感知水平，从而为组织提供更具体的管理策略和干预措施。这种方法不仅有助于我们更精确地理解企业—员工共同体的构建和维护，而且能够为组织带来更有效的管理实践和改进方向。通过这种方式，我们能够将一个广泛而复杂的概念转化为可操作、可测量的研究对象，从而更有效地促进组织和员工的共同发展。

3.1　量表开发的步骤与方法

西方学者很早就提出了共同体感知的概念。然而，目前共同体感知的量表都是在西方情境下开发的，其概念和题项的生成理论大多是基于西方的现有文献，可能不能完全捕捉到中国文化背景下企业共同体感知的独特性和完整性。

另外，专门测量企业共同体感知的只有 Burroughs 和 Eby（1998）开发的六维度量表，其他的量表都是测量广义的共同体感知，并没有专门针对企业这个对象，因此目前测量共同体感知的量表对企业/工作场所的特殊性考虑不足，有待于进一步研究。

综合整体研究设计的需要，本书将探索企业共同体感知的本土化概念和内容结构，并编制其量表，以期弥补这个概念至今没有中文测量工具的空白。

根据现有文献（DeVellis，2003；梁建和樊景立，2012），量表开发主要包括以下四个步骤：①明确需要测量的目标构念；②初始量表的形成；③初始量表的修订与检验；④正式量表的检验。以下将逐一描述这四步研究过程。

3.2　步骤一：企业共同体感知概念的本土化

共同体感知（SOC）是一个植根于社会科学和行为科学的概念。对这些文献的回顾表明，它已经在各种广泛的语境中被研究过，包括宗教共同体、移民共同体、学生共同体、互联网共同体，以及居住和地理共同体等（Boyd & Nowell，2018）。

Sarason（1974）是最早提出共同体感知概念的人之一，被认为是共同体感知构念的先驱。他认为应该从个人与其所处的更大的社会集体关系的角度来研究个人，将共同体感知定义为：一种与他人相似的感知，一种与他人公认的相互依赖，一种维持这种相互依赖的意愿，一个人是更大的可靠和稳定结构的一部分的感觉。之后 McMillan 和 Chavis（1986）第一次明确提出了共同体感知的概念框架：一个四维度模型（成员资格、影响力、需求的整合和满足，以及共同的情感联系）。他们认为，共同体感知是"一种成员有归属感的感觉，一种成员对彼此和团体都很重要的感觉，以及一种共同的信念，即成员的需求将通过他们在一起的承诺得到满足"。共同体感知指数（Perkins Florin Rich）（Wandersman & Chavis，1990）和简明共同体感知量表（Brief Sense of Community Scale，BSCs）（Peterson et al.，2008）是共同体感知最常用的测量工具，它们以 McMillan 和 Chavis（1986）的概念框架作为参考。

Nowell 和 Boyd（2010）进一步提出了共同体感知的另一个维度——共同体责任（SOCR）。他们提出，之前共同体感知的概念往往只关注一个人从共同体中获得了什么，而忽视了一种促进共同体及其成员福祉的责任感。如果仅仅将共同体作为一种满足个人需求的资源，就很难解释人们出于责任感而在为共同体服务时做出无私奉献的情况。

Burroughs 和 Eby（1998）将共同体感知研究引入到企业共同体研究中，提出了工作组织的共同体感知定义：成员作为相互依存的共同体的一部分的感觉，认为自己是一个更大的可靠和稳定结构（满足关键需求）的一部分，以及对共同体及其成员福祉的责任感。并在 McMillan 和 Chavis（1986）的基础上开发了目前唯一一个专门针对工作组织共同体感知测量的量表，共六个维度：同事支持（Coworker Support）、心理安全（Emotional Safety）、归属感（Sense of Belonging）、精神纽带（Spiritual Bond）、团队导向（Team Orientation）、真实真诚（Truthtelling）。

国内部分学者也研究了企业共同体的构成要素。毕京建等（2016）认为企业与员工的命运共同体基本要素应包括共同价值观、共同目标、共同利益、共同成长四个方面。类似地，罗永泰、王连成（2011）认为企业与员工的命运共同体分为成长共同体、利益共同体、价值观共同体、目标共同体四个方面。

国内外经典的对共同体感知概念的定义和维度划分如表 3-1 所示。

表 3-1　SOC 概念总结

文献	概念	具体内容
Sarason（1974）	Sense of Community	一种与他人相似的感知，一种与他人公认的相互依赖，一种通过给予他人或为他人做自己所期望的事情来维持这种相互依赖的意愿，一个人是更大的可靠和稳定结构的一部分的感觉
McMillian 和 Chavis（1986）	Sense of Community	成员资格（Membership）、影响（Influence）、整合和满足需求（Integration and Fulfillment of Needs）、共享情感联系（Shared Emotional Connection）
Nowell 和 Boyd（2010，2011，2014）	Sense of Community Responsibility	一种对个人和集体福祉的个人责任感，这种责任感不是直接根植于对个人利益的期望
Burroughs 和 Eby（1998）	Workplace Sense of Community	同事支持（Coworker Support）、心理安全（Emotional Safety）、归属感（Sense of Belonging）、精神纽带（Spiritual Bond）、团队导向（Team Orientation）、真实真诚（Truthtelling）
毕京建等（2016）	企业与员工的命运共同体	共同价值观、共同目标、共同利益、共同成长
罗永泰、王连成（2011）	企业与员工的命运共同体	成长共同体、利益共同体、价值观共同体、目标共同体

根据国内外文献研究的基础，本书将企业/工作组织共同体感知初步定义为：员工感觉与企业/组织形成有机整体，具有共同身份、目标、情感和价值观。

共同身份是共同体感知的基础。要想有共同体感知，先要觉得自己是企业的一份子，也就是传统的共同体感知概念中的"成员资格"（Membership）。同时，共同身份在企业共同体感知中还有特别的含义，就是利益一致。因为企业共同体和其他的共同体（学术共同体、社区共同体等）存在一定的差异，企业中天然地存在利益不一致甚至是阶级对立情况，因此本书认为共同身份感知中包含了员工—管理层以及员工—组织的共同身份感知，从而引出对利益一致的感知，这是企业共同体感知的基础。

共同目标指企业中的员工与组织拥有共同的目标。这主要是基于 SOCR 理论，即在共同体中，成员可以感受到对其他成员和整个共同体的责任感。应用到企业环境中，即员工可能会觉得对整个组织的成功和福祉负有责任。员工既要对企业的目标负责，又要满足自己的目标，最好的方式就是将企业目标与自己的个人目标统一起来，也就是形成企业战略目标与员工个人目标的一致。因此，共同目标也是企业共同体感知的重要维度。

共同情感是指企业中的员工与组织之间拥有共同的情感经历，形成了情感链接，感受到了心理上和情感上的友好和接纳。这包含了传统 SOC 概念中的共享情感联系（Shared Emotional Connection）以及 Burroughs 和 Eby（1998）WSOC 概念中的心理安全（Emotional Safety）等，这是企业共同体感知中一个非常重要的维度，因为"共同体"与"社会"的区别就在于"社会"强调的是利益关系，而"共同体"强调的是情感关系。

共同价值观也是共同体感知的重要组成部分。如果员工与企业价值观存在很大差异，即使有了共同身份、目标和情感，这种共同体感知也是不会长久的，因为价值观是决定员工的行为和思想的精神因素，企业和员工的共同价值观，是协调各方行动、获得和谐一致的精神基础，也是企业共同体能够持续下去的关键。

3.3 步骤二：初始量表条目的选择与确定

本书提出的企业共同体感知概念，是基于现有的共同体感知概念发展而来的，虽然有一些现有的文献基础，但是仍然需要进行探索性研究。因此，本书结合使用归纳法和演绎法来形成备选题项（罗胜强和姜嬿，2014）。

3.3.1 演绎法：文献研究

本书围绕已有的共同体感知概念和测量方式做了大量的文献回顾工作。最终主要借鉴了三个在学术研究中使用最为广泛的 SOC 量表：

（1）McMillan 和 Chavis（1986）的四因素模型是 SOC 概念的主要结构，在他们研究基础上开发的简短共同体感知指数（Brief Sense of Community Scale，BSCS）（Peterson et al.，2008）量表，是使用最为广泛的量表（Chipuer & Pretty，1999；Long & Perkins，2003）。包含成员关系（Membership）、影响（Influence）、整合和满足需求（Integration and Fulfillment of Needs），以及共享情感联系（Shared Emotional Connection）4 个维度。

（2）Nowell 和 Boyd（2010，2011，2014）引入了社区责任感（SOCR）的新结构，补充了 McMillan 和 Chavis（1986）的四因素 SOC 模型：SOC 是一个主要基于需求的结构，SOCR 利用组织成员对组织的责任感，而不仅仅是从组织获得的需求满足。

（3）Burroughs 和 Eby（1998）将共同体感知研究引入到企业共同体研究中，将工作组织的共同体感知定义为"成员作为相互依存的共同体的一部分的感觉，认为自己是一个更大的可靠和稳定结构（满足关键需求）的一部分，以及对共同体及其成员的幸福感的责任感"。并在 McMillan 和 Chavis（1986）的基础上开发了唯一一个专门针对工作组织共同体感知测量的量表，共 6 个维度：同事支持（Coworker Support）、心理安全（Emotional Safety）、归属感（Sense of Belonging）、精神纽带（Spiritual Bond）、团队导向（Team Orientation）、真实真诚（Truthtelling）。

根据本书对企业共同体感知概念的定义和内涵的探索，从这 3 个量表中初步挑选并编写了 10 个题项。

3.3.2 归纳法：探索性研究

参照既往研究（罗胜强和姜嬿，2014）的方法，我们采用开放式问题法来确认共同体感知包含的内容。这种方法需要收集回答者所描述的具体内容，并通过分析关键字或内容对其进行归类。

3.3.2.1 开放式问卷调查

具体而言，我们对多个实施员工持股计划公司中持股的员工进行了开放式问卷调查（问卷星）。被试来自不同规模、不同行业的企业。具体做法是我们首先描述了企业共同体感知的概念和内涵，然后请被试根据自身在工作中的感受和经验，对员工与企业形成共同体的感受和特征进行描述（描述语句不少于 6 条）。本次调研共回收问卷 68 份，排除 8 份无效问卷，有效样本量为 60 份，有效样本率为 88.2%。

3.3.2.2 编码和归类

60 名回答者一共产生了 186 个描述条目。参照既往研究，我们使用相同的程序分析这些条目。首先删去了 28 道明显无关的条目，总条目减少到 158。之后邀请 3 位管理学博士生分两轮对这些条目进行归类。基于文献研究，概括性地将企业共同体感知的内涵向 3 位博士生进行了解释，并请他们独立对所有条目进行归类和删减。然后一起讨论，去除与文献一致的题项，最终挑选并编写了 15 个题项。

3.3.3 测量对象评审和专家评审

为了进一步保证问卷备选题项的内容效度和表面效度，本书对通过归纳法和演绎法得到的 25 个条目先后进行了测量对象评审和专家评审（罗胜强和姜嬿，

2014），最终生成了 23 个初始条目，详细结构如表 3-2 所示。

表 3-2　共同体感知量表备选题项

维度 2	维度 1	题项	来源
身份共同	身份认同	我觉得我是公司的一份子	Peterson 等（2008）
		我觉得我属于这家公司	Peterson 等（2008）
	利益一致	我和公司之间不存在利益冲突	问卷访谈
		我的报酬与公司的总体效益息息相关	问卷访谈
		如果可以，我愿意投资这家公司	Burroughs 和 Eby（1998）
目标共同	责任感	与我工作过的其他公司相比，我对这家公司的成功有一种特别强烈的责任感	Nowell 和 Boyd（2014）
		我总是乐于帮助这家公司的人，即使这会给我带来一些麻烦	Nowell 和 Boyd（2014）
		我个人强烈地感到有义务改进这家公司	Nowell 和 Boyd（2014）
		我觉得我有责任为这家公司奉献，而不需要得到任何回报	Nowell 和 Boyd（2014）
	目标一致	在公司里工作的人有共同的奋斗目标	问卷访谈
		我觉得我的发展目标与公司的发展战略是匹配的	问卷访谈
		我认可公司的现行战略，并坚决执行	问卷访谈
情感共同	情感连接	我觉得我和这家公司有紧密的情感联系	Peterson 等（2008）
		我和公司里的人有良好的紧密关系	Peterson 等（2008）
		公司有非常强的凝聚力	Burroughs 等（1998）
	氛围友好	公司的氛围非常友好	问卷访谈
		想到公司就会觉得非常温暖	问卷访谈
		我觉得公司是我另一个家	问卷访谈
价值观共同	价值观一致	我觉得我和公司的价值观是一致的	问卷访谈
		我觉得我和公司里的大部分人的价值观是一致的	问卷访谈
		我认同公司的企业文化	问卷访谈
	使命共同	在公司里工作的人有共同的使命感	问卷访谈
		在这家公司工作有助于我实现自我超越	问卷访谈

3.4 步骤三：探索性因子分析和条目删减

3.4.1 样本和程序

为了简化量表，并获得稳定的因子结构，本书通过问卷调查的方法收集上文所述 23 道题目的量表，并进行探索性因子分析。问卷内容包括基本的人口统计信息以及上一步得到的企业共同体感知的 23 道题目。量表采用 7 点李克特形式，选项从"1—非常不同意"到"7—非常同意"。最终获得的有效样本来源于 516 位员工，样本量与题目数量之比超过了 10∶1，因此样本量满足探索性因子分析的要求。

在对数据进行分析时，使用主轴（Principle Axis）因子分析法，然后通过碎石图决定保留的因子数目，并使用斜交旋转（Oblique Rotation）法将各条目负载到不同的维度上。随后，逐一删除因子载荷（Loading）不理想的条目。每删除一道条目，就再次重复因子分析过程。最后对最终模型进行分析，并判断量表是否有足够的信度。

3.4.2 分析结果

通过上述步骤，得到了 4 个维度的因子分析结果，与预期相同。因子分析的最终结果如表 3-3 所示。在因子分析的过程中，删掉了 7 道题目。留下的 16 道题目中，4 个因子共解释了 68.679% 的方差；各维度对应题目的载荷均值最大为 0.884，最小为 0.487，不存在交叉负载；各维度的 Cronbach's Alpha 值中，最大为 0.920，最小为 0.753，显示出清晰的结构和良好的信度。

表 3-3 共同体感知探索性因子分析结果

题项	身份共同	目标共同	情感共同	价值观共同
我觉得我是公司的一份子	0.884			
我觉得我属于这家公司	0.816			
我和公司之间不存在利益冲突	0.816			
我的报酬与公司的总体效益息息相关	0.871			
我对这家公司的成功有一种特别强烈的责任感		0.781		
我觉得我有责任为这家公司奉献，而不需要得到任何回报		0.666		
在公司里工作的人有共同的奋斗目标		0.718		
我觉得我的发展目标与公司的发展战略是匹配的		0.769		
我觉得我和这家公司有紧密的情感联系			0.689	
我和公司里的人有良好的紧密关系			0.785	
公司的氛围非常友好			0.850	
想到公司就会觉得非常温暖			0.487	
我觉得我和公司的价值观是一致的				0.626
我觉得我和公司里的大部分人的价值观是一致的				0.670
我认同公司的企业文化				0.685
在公司里工作的人有共同的使命感				0.554
特征值	4.997	3.008	1.885	1.099
累积性解释方差比例	31.231	50.030	61.808	68.679
Cronbach's Alpha	0.920	0.832	0.807	0.753

3.5 步骤四：量表效度检验

3.5.1 样本和程序

根据 Hinkin（1998）所描述的流程，通过问卷调查使用新的样本对量表进行验证性因子分析，并对区分效度和效标进行检验，最终获得 433 个有效样本。

具体来说，选择了组织承诺（Organizational Commitment）作为与企业共同体感知的区分效度的检验，并选择组织公民行为（OCB）进行效标效度的检验。

组织公民行为指员工主动进行的、额外的但有益于组织运作的行为（Organ & Konovsky，1989）。由于员工与企业形成了共同身份、共同目标、共同情感和共同价值观，相应地，共同体感知会让员工感到对企业的责任感，从而做出亲组织行为，如组织公民行为。因此，预期共同体感知与组织公民行为之间存在较强的正向关联。

组织承诺是指员工认同组织目标，并愿意继续留在组织的程度（Mayer & Schoorman，1998），它代表了一种独特的纽带类型，强调了奉献和责任的立场，这显然与企业共同体感知中的目标共同有重合的地方。另外，组织承诺与员工的组织公民行为也存在正向联系，它与共同体感知一样都属于对组织积极的心理感知。因此我预期共同体感知与组织承诺之间存在中等程度的正向关联。

3.5.2　测量工具

共同体感知。共同体感知的量表共 4 个维度、16 道题目，来源于探索性因子分析的结果。量表的 Cronbach's Alpha 值为 0.94。

组织公民行为。量表改编自 Williams 和 Anderson（1991）的量表，共 12 条目，将组织公民行为分为指向个体的组织公民行为（OCB-I）和指向组织的组织公民行为（OCB-O）两个维度。量表的 Cronbach's Alpha 值为 0.92。

组织承诺。量表改编自 Allen 和 Meyer（1990）的量表，共 6 个条目，将组织承诺划分为情感承诺、持续承诺和规范承诺。量表的 Cronbach's Alpha 值为 0.90。

3.5.3　数据分析结果

首先，对新的数据中的共同体感知条目进行了验证性因子分析。分析结果如表 3-4 所示，各因子都有较高的载荷，各维度对应条目的载荷均值最大为 0.998，最小为 0.365。模型的拟合度指标 RMSEA = 0.13，CFI = 0.91，TLI = 0.88，模型拟合度基本达到要求（Lance et al.，2006），说明企业共同体感知具有一定的结构效度。

表 3-4　共同体感知验证性因子分析结果

题项	身份共同	目标共同	情感共同	价值观共同
我觉得我是公司的一份子	0.998			
我觉得我属于这家公司	0.847			
我和公司之间不存在利益冲突	0.974			
我的报酬与公司的总体效益息息相关	0.525			
我对这家公司的成功有一种特别强烈的责任感		0.864		
我觉得我有责任为这家公司奉献，而不需要得到任何回报		0.866		
在公司里工作的人有共同的奋斗目标		0.794		
我觉得我的发展目标与公司的发展战略是匹配的		0.883		
我觉得我和这家公司有紧密的情感联系			0.977	
我和公司里的人有良好的紧密关系			0.419	
公司的氛围非常友好			0.916	
想到公司就会觉得非常温暖			0.365	
我觉得我和公司的价值观是一致的				0.804
我觉得我和公司里的大部分人的价值观是一致的				0.868
我认同公司的企业文化				0.911
在公司里工作的人有共同的使命感				0.563

为了验证共同体感知与相关变量的区分或效标效度，我检验了共同体感知与组织承诺和组织公民行为之间的相关性，结果如表3-5所示。可以看出，共同体感知与组织承诺（r=0.33，p<0.01）之间存在中等程度的正相关，与组织公民行为（r=0.56，p<0.01）之间存在较强的正相关，这与理论预期一致，说明①共同体感知与组织承诺是不同的概念；②共同体感知与组织公民行为之间存在较强的正相关关系。

表3-5　相关系数

维度	1	2	3
共同体感知	1		
组织承诺	0.33**	1	
组织公民行为	0.56**	0.18**	1

　　注：*表示p<0.05，**表示p<0.01。

　　综合以上内容，本书所开发出的16条目的企业共同体感知量表能够如实反映相关的概念，且具有清晰的结构，与相关概念的关系符合理论预期，因此可用于后续的研究。

3.6　总结

　　研究1的主要目标在于探析以下问题：员工与企业形成共同体是怎样一种心理状态？针对这一探索性的问题，我们综合了归纳和演绎两种方法，开发出了测量企业共同体感知的有效测量工具。

　　综合研究1的结果，本书将企业共同体感知定义为：员工感觉与企业形成有机整体，具有共同身份、目标、情感和价值观。共同体感知包含4个维度：身份共同、目标共同、情感共同、价值观共同。

研究结果发现，本书开发的企业共同体感知量表与共同体感知的经典四维度量表（McMillian & Chavis，1986；Peterson et al.，2008；Nowell & Boyd，2014）以及 Burroughs 和 Eby（1998）的企业共同体感知量表相比，既有不同之处也有相同之处。

首先，本书的企业共同体感知量表里基本包含了原来的 SOC 量表的一些经典维度（成员资格、情感连接、共同体责任、心理安全等），例如，身份共同里包含了原来的成员资格，目标共同里包含了原来的共同体责任，情感共同里包含了原来的情感连接和心理安全等。

其次，本书的共同体感知量表也有其独特性。一方面，与共同体感知的经典四维度量表（Peterson et al.，2008）相比，身份共同中的利益一致、目标共同中的目标一致等维度，体现了工作场所的独特性；另一方面，与 Burroughs 和 Eby（1998）的 PSCW 量表相比，本书的企业共同体感知量表中，情感共同中的氛围友好等维度，体现了中国文化背景下共同体感知的特点。中国文化强调"以和为贵"，因此，要想让员工将企业视为共同体，首先要让他感觉到这个氛围是友好的、和平的，这是企业共同体感知的重要组成部分。

最后，我们分析考察企业共同体感知在管理领域中是否是一个独特的概念。为了检验 SOC 是否是独特的，是否对管理领域有用，我们将 SOC 与三个潜在相关管理领域的概念进行比较和对比：团队凝聚力、组织认同、组织承诺。我们基于对管理文献的广泛回顾（Boyd & Nowell，2014），决定将重点放在这三个概念上，从而为 SOC 作为一种独特概念的实用性提供试金石。

3.6.1　团队凝聚力

团队凝聚力是指"一个群体在追求其目标的过程中表现出的团结一致的趋势的动态过程"（Carron，1982）。在一项元分析研究中，Beal 等（2003）将团队凝聚力的结构描述为三个维度：①人际吸引；②对任务的承诺；③团队自豪感。

SOC 和团队凝聚力的比较表明，它们是互补但截然不同的概念。这两个结构相互关联，都有子维度可以表达一个给定群体内部的认同感和吸引力：团队凝聚力有人际吸引这个子维度，SOC 有情感共同这个子维度。虽然这两个维度不完全相同，但似乎有一个相似的意图来衡量集体背景下的"联结性"。

然而，SOC 是一个与团队凝聚力截然不同的概念。首先，SOC 与团队凝聚力在其分析层次上是不同的。团队凝聚力显然是团队的一种属性，而 SOC 是一个个体层次的构念，它关注的是一个人与一个共同体的心理联结感。其次，SOC 是一个更为广泛的概念，除了情感共同外，SOC 还有目标共同，强调的是个体的责任感，而不仅仅是群体内部的认同感。

3.6.2　组织认同

在那些侧重于个人层面分析的组织概念中，管理学文献中一个流行的概念可能与 SOC 有一些相似之处，那就是组织认同。正如 Riketta（2005）近来对这一概念的元分析中指出的那样，所有的组织认同定义"都意味着组织成员已经将他或她的组织成员身份与他或她的自我概念联系起来，无论是认知上的还是情感上的，或者两者兼而有之"。

当将组织认同与 SOC 进行直接比较时，这两个概念都指的是个人的认知状态。它们都提到了一种成员意识或与组织的联系，这种联系满足了积极认同的关键需求。但是，在组织认同构念的发展过程中，认同的具体指称往往被宽泛地定义。组织有许多方面可能会引发认同感，如工作人员可能会认同组织的地位或声望、组织的使命、技术方法或领导力。从这个角度而言，SOC 是一个更狭隘的概念，关注的只是关于感受到社会集体的一部分的体验。而从概念上讲，SOC 通过提供理论和方法框架来研究共同体感知在塑造组织认同中所起的独特作用，也有可能会增强我们对组织认同的理解。

3.6.3　组织承诺

组织承诺的构念一直是学术界关注和争论的焦点。虽然对组织承诺的理解仍然存在相当大的争议，但我们可以从中提取几个主题。具体地说，组织承诺通常被认为源于不同的认知理论（情感的、持续的、规范的），它代表了一种独特的纽带类型，强调了奉献和责任的立场，这些主题与 SOC 有明显的相似之处。例如，SOC 的情感共同的维度挖掘了情感的基本原理，而共同目标的维度则主要基于规范的理论基础上。这两种结构都有一个共同的分析层次，代表一个人对一段关系的心理体验。

然而，SOC 和组织承诺结构之间的关键区别也是显而易见的。首先，SOC 和组织承诺的侧重点不同。例如，Klein 等（2012）主张组织承诺的概念应仅限于由奉献和责任感定义的纽带，而奉献和责任仅是共同体感知的一个维度（目标共同）。其次，SOC 和组织承诺在概念上被设计成服务于不同的目的。组织承诺的定义边界侧重于契约的性质（即承诺），而 SOC 力求具体说明目标（共同体）的性质和联结的内容（如情感共同、目标共同）。因此，SOC 很可能是一个更适合作为共同体组织的概念结构，因为它可以捕捉共同体体验的更全面和多维的图景。

总体而言，通过与相关概念的比较分析，本书认为企业共同体感知是一个管理领域的独特概念，可能为管理领域的研究提供具有广泛影响的独特视角。下一章将构建与这一个概念相关的理论模型。

第4章 企业—员工共同体关系建立的驱动因素研究

4.1 理论框架

4.1.1 工作场所共同体感知框架

前面的综述已经提到，对共同体感知前因变量总结最为全面的是 Burroughs 和 Eby（1998）提出的工作场所共同体感知框架（Framework of SOC at Work），这一模型在之后学者的研究中不断得到完善。

基于此，我们发现影响企业—员工共同体关系的因素众多，本章将特别关注员工持股制度，并探讨其在共同体关系构建中的独特作用。员工持股制度通过将企业股权的一部分分配给员工，不仅赋予了员工参与企业经营决策的权利，还让他们有机会分享企业的盈利。这种制度与企业—员工共同体的核心理念高度一致，因为它强化了员工对企业的归属感和忠诚度，并通过赋予员工经营决策权和剩余索取权，提升了员工的参与感和主人翁意识。

通过实施员工持股制度，企业可以构建一种新型的企业—员工关系，其中员工既是企业的劳动力，也是企业的共同所有者和利益相关者。这种关系的建立有助于增强员工与企业之间的信任和合作，提升员工的工作满意度和忠诚度，从而提高企业的绩效和竞争力。

因此，本章将深入剖析员工持股制度如何作为企业—员工共同体关系建立的重要驱动因素。员工持股作为一种组织政策，属于组织信息（Organizational Messages），应当会对员工心理契约的实现产生影响（Rousseau，1995），而根据现有的工作场所共同体感知框架理论，心理契约又会影响个体的共同体感知。因此，本章主要研究心理契约在员工持有股权/客观所有权[①]与共同体感知之间的中介作用。

4.1.2　员工持股

4.1.2.1　员工持股的定义和历史发展

员工持股这个概念在美国实践情境下，主要强调的是公司通过专门设计的正式计划，使广泛的普通员工共同持有公司股权。美国 ESOP 的真正增长始于 1974 年，当时美国国会根据 1974 年《雇员退休收入保障法》（ERISA）对其给予了正式承认和特殊税收待遇，这为 ESOP 的推行和普及应用奠定了法律基础。将 ESOP 引入税法的主要目的是扩大经济民主。国会的目的不是重新分配现有财富，而是通过提高生产力创造新财富来扩大财富（Blasi，1988）。ESOP 的支持者们提出，ESOP 具有增强公司绩效的强大潜力，特别是通过提高员工的敬业度和积极性。这种改进的动力将直接反映员工渴望从他们的公司所有权及其业绩改善中受益的愿望。

美国的 ESOP 具有多种结构，但通常被设计为递延收益计划，为员工提供了一种获取公司股票的方式（Klein，1987）。员工所有权有两种形式：直接所有权

---

① 客观所有权是与心理所有权相对应的一个概念，与员工持有公司股权同义，因此在之后的行文中，有时会使用员工持股的说法，有时会使用客观所有权的说法，其意义是一样的。

（员工实际拥有公司股份）或实益所有权（员工有权获得由 ESOP 管理的员工股权信托中持有的部分股份）。美国 ESOP 公司的员工不是购买股票，而是通过公司向 ESOP 信托的付款来赚取股票，然后根据某些预定标准（如资历、工作时间等）按比例分配给员工账户（Conte & Tannenbaum，1978）。ESOP 公司之间的计划细节可能有很大不同，但是所有计划必须遵循 ERISA 准则。

我国的员工持股与美国的员工持股计划存在一定的差异。在改革开放初期，我国的员工持股是国有企业改制过程中发展起来的一种股权制度安排。员工持股发展到现在，已经变成一种有效的激励机制，将员工与企业利益联系起来。目前的员工持股在制度建设方面更加符合中国国情。2012 年，证监会公布《上市公司员工持股计划管理暂行办法（征求意见稿）》，对员工的认购方式、股票来源和比例加以明确。2013 年，党的十八届三中全会通过的《中共中央关于全面深化改革若干重大问题的决定》，提出"允许混合所有制企业实行员工持股，鼓励经营活动中重要的管理人员、核心骨干持有本公司的股票"，这是党的文件首次明确了员工持股制度。证监会于 2014 年在《关于上市公司实施员工持股计划试点的指导意见》中指出，"上市公司实施员工持股计划试点，有利于建立和完善劳动者与所有者的利益共享机制，改善公司治理水平，提高职工的凝聚力和公司竞争力，使社会资金通过资本市场实现优化配置"。2015 年 8 月，《中共中央国务院关于深化国有企业改革的指导意见》中继续提出要"探索实行混合所有制企业员工持股"。这些都表明中国员工持股制度正在走向新的发展阶段。

实施员工持股计划对企业和员工无疑都是有益的。对于员工而言，员工持股计划为参与者提供了创造财富的机会，超越了传统的工薪阶层。正式的所有权结构还赋予参与者影响决策的权利以及获得关于组织地位的信息的权利（Pierce et al.，1991）。作为公司的合法所有者，持股员工拥有固定的所有权，可以体验到身为公司主人翁的感受，以及感知到自己与所工作组织之间的联系。同时，ESOP 创造了使公司的需求与其员工所有者的需求保持一致的机会。Yates（2000）指出，除了经济奖励外，ESOP 还为员工提供了内在的心理奖励和实现个人成功所带来满足感的机会。

对于企业而言，实施 ESOP 是为了提高员工的生产力、士气、动力以获得经济回报。尽管公司采用 ESOP 的原因多种多样，但首要目的是使公司的利益与员工的利益保持一致。同时，管理层可以使用 ESOP 来筹集资金，转移所有权，抵消工资，从公共企业转为私人企业以及确保税收优势（Klein & Hall，1988）等。Chiu 等（2005）提出，在中国，ESOP 已成为救助前国有企业的流行结构。中国政府将这一战略视为减少失业和减少社会不满的一种方式。中国的 ESOP 需要员工付款才能购买公司股票，而大多数美国的 ESOP 则向员工提供股票。

总体而言，因为国情不一，且各国实施此计划的方法和实施目的也有所不同，这使得员工持股的概念没有统一。本书使用的员工持股的定义是美国国家雇员持股中心（NCEO）的定义，即将员工持股定义为员工拥有公司股权。在本书之后的论述中有的时候会采用客观所有权的概念，因为从微观个体的角度而言，参与了员工持股计划，就是拥有了企业的客观所有权①。

4.1.2.2　员工持股与股权激励的比较

与员工持股非常相近的一个概念是股权激励。本书研究的是员工持股，而不是股权激励，因此在这里做出区分，具体如表 4-1 所示。

表 4-1　狭义的股权激励与员工持股的区别

指标	狭义的股权激励	员工持股
参与对象	主要是上市公司董事和高级管理人员	既包括高管，也包括普通员工
业绩要求	一般有严格的要求	一般没有业绩要求
实施成本	需要公司承担成本	由员工出资购买
实施目的	解决委托代理问题	激励、减少并购的风险、社会意义

---

①　客观所有权是与本书之后提到的心理所有权相对应的一个概念，与员工持有公司股权同义，因此在之后的行文中，有的时候使用员工持股的说法，有的时候会使用客观所有权的说法，其意义是一样的。

在本书的研究3中，从团队层面研究了团队领导持有股权对团队成员的影响，虽然这里的团队领导是领导，但也是基层领导，不是高管，因此仍然属于本书的"员工"范畴，参与的仍然是员工持股计划。

4.1.2.3　员工持股对组织的影响研究

员工持股对组织的影响研究主要集中在员工持股与企业绩效之间的关系上。有大量的文章对员工持股与组织绩效之间的关系进行了研究，这些研究结果不仅有分析二者之间的负相关关系，也有正相关关系，还有不相关关系（Long，1978；Klein，1987；Rosen & Quarrey，1987）。

根据一些研究结果（Bullock & Lawler，1984；Blasi et al.，1996；Kang & Sorensen，1999；Blasi et al.，2016），所有权与组织绩效之间存在正相关关系。根据美国通用会计办公室（GAO，1986）的调查，采用 ESOP 的公司中有 70% 有望提高生产率和利润率。Dunbar 和 Kumbhakar（1993）在 1982~1987 年研究了实施 ESOP 的公司，发现在实施 ESOP 之前和之后公司的生产率都有了显著提高。Pugh 等（2000）研究了 183 家公司的各种财务比率，以确定采用 ESOP 后的绩效，他们发现 ESOP 导致了短期的绩效提升。还有一些研究发现，ESOP 公司在就业和销售增长方面都优于没有采用 ESOP 的公司（Rosen & Quarrey，1987；Ray，2016；Bangun et al.，2017）。

其他研究发现，有员工持股计划的公司和没有员工持股计划的公司在绩效上没有差异，所有权并不影响激励水平和组织绩效。Blasi 等（1996）发现员工持股与公司绩效之间没有直接联系，并得出结论，其他人力资源政策可能与公司绩效有着更重要的关系。Yates（2000）在对代表 300818 名员工的 167 个俄亥俄州的 ESOP 进行的调查中，发现采用 ESOP 对企业的获利能力影响不大。Conte 和 Tannenbaum（1978）发现，公司采用 ESOP 后对盈利能力没有显著影响，并得出结论，仅采用 ESOP 并不能提高组织结果。另外有一些研究（Conte & Svejnar；Rooney，1988）得出的结论是，除非有员工的参与，否则采用 ESOP 并不会提高生产率。

我国学者对于员工持股的探究起步较晚，但研究成果比较丰富，所得出的结论却不统一。张小宁（2002）通过对 91 家实施员工持股计划的公司进行研究，发现员工持股计划和公司绩效之间具有显著的正向相关关系。丁长发（2002）也得出了类似的结论，发现了员工持股计划和公司绩效之间的正相关关系。沈红波等（2018）则比较了国有企业和民营企业中员工持股计划对企业经营绩效的不同影响，结果发现，国有企业实施员工持股计划的经营绩效弱于民营企业。黄桂田和张悦（2009）则发现了员工持股计划与绩效之间的非线性关系，他们以 2002～2004 年的数据为样本进行研究，发现员工持股占比和公司绩效指标之间虽然存在显著正向关系，但超过一定比例会出现拐点并产生负向影响。除此之外，也有一些学者发现员工持股与公司绩效之间并没有显著的关系。王晋斌和李振仲（1998）以 126 家企业为样本进行研究，发现员工持股计划和净资产收益率之间没有明显的相关关系。

因此可以看出，员工持股对企业绩效的影响是不确定的，至少在实证研究的结果中是不确定的。

4.1.2.4　员工持股对个体的影响研究

相比于员工持股对企业绩效的影响研究，员工持股对员工绩效的影响研究较少，但是结论较为一致，都说明了员工持股计划对员工存在一定的激励效应。陈文沛等（2018）通过实证研究证明了员工持股计划对员工绩效具有显著的正向影响，并使用需求理论解释了其原因。学者们还研究了员工持股与其他个体结果变量的影响，如组织忠诚度等，但是研究结果也有分歧。有些学者（Klein，1987）发现，在员工持股计划环境下，几乎没有证据表明所有权和员工忠诚度水平之间存在的关系。另外，在对 31 项关于员工行为和态度研究进行的回顾中，Kruse（2002）发现，ESOP 对员工的动机和满意度的研究结果是混合的。

这一系列相互矛盾的结果表明，关于员工持股还有很多尚待了解的地方，员工持股对员工态度和行为的影响很可能受到一些边界条件的影响。例如，Wu 等（2008）研究了 14 家最近私有化的台湾公司。他们发现，基于拥有感的内在动机，而不是基于期望的财务回报的外在动机，更能预测积极的组织行为。与出于外部动机的员工相比，出于内在动机的员工也更有可能为组织的利益承担风险，后者可能不愿采取可能威胁其财务投资的行动。因此员工的动机，也就是员工持股的激励因素会对其实施效果产生影响，以下将对员工持股的激励因素进行具体阐述。

4.1.2.5　员工持股/所有权的激励因素

员工持股/所有权之所以会对员工的态度和行为产生影响，是因为它包含着一定的激励因素（Ownership Associates，1995），包括内在驱动力或内在激励因素，如满足自我发展需要的期望，以及外在激励因素，如经济回报，并希望将自己最好的一面奉献给组织的程度（Herzberg et al.，1959）。

（1）外在激励因素（Extrinsic Motivational Aspects）

所有权的外在激励因素与所有权概念之外的属性有关，如财务激励（Ownership Associates）。所有权计划总是伴随股权或利润分享。这套理论体系是将财务收益作为激励因素，它是从投资基础上假定所有权的。这种所有权即投资理论推测，作为投资者，员工持股者将对组织产生更高的认同感和忠诚度，因为员工持股者可以从组织的成功中获得经济收益（Greenberg，1980；Hammer & Stem，1980；Rhodes & Steers，1981；Rosen et al.，2005）。财务激励可能是激励员工的强大动力。从37家公司近3000名员工收集的数据中，美国国家员工所有权中心（NCEO）报告称，与工作满意度、对组织的忠诚度和员工持股的幸福感的相关性最高的是每年存入他们账户的金额。

因此，财务奖励和薪酬公平，即员工认为自己相对于其他从事相同工作的人获得公平报酬的程度，是文献中广泛研究的所有权外部激励因素。学者们（Klein，1987；Johnson & Johnson，1991；Levine，1993；Perry，1993；Gross，1998；Ambrose，1999）发现，拥有良好薪酬公平感的员工对组织的忠诚度更高，辞职的可能性更小，工作满意度更高，员工愿意更加努力地工作。财务激励也会影响目标忠诚度（Locke & Latham，1990）。基于这一概念，组织认为，通过向员工提供所有权股份，员工会对公司及其经济价值付出更多的努力。

（2）内在激励因素（Intrinsic Motivational Aspects）

内在激励因素与工作的本质或工作组成成分有关。一份工作的成就感本身就是一种充分的动力。同样，所有权的内在激励因素与属于所有权本质或构成的组成部分有关。具有内在动机的个体将其行为的原因归因于内在需要，并为了内在的回报和满足感而实施行为（Deci & Ryan，1980）。内在满足感模型认为所有权本身就是一个激励因素，因为它满足了与自我实现相关的内在需求。内在满足感模型的理论是，无论员工通过所有权可能获得的经济收益如何，所有权都是一种满足自我提升和自我意识等需求的个人成就。Collins（1996）也发现，所有权不仅仅是经济激励。Klein（1987）则发现，所有权也可以成为一种工具，让员工更多地参与决策。从所有权上讲，员工仅仅通过参与和贡献决策这一过程就可以获得满足感，这提高了他们对组织的忠诚度水平。

此外，所有权可以在组织成员之间创造一定程度的联系（Heinen & Bancroft，2000）。这种情感连接或共同体感（Ownership Associates）是所有权的另一个内在激励因素。个人希望感觉到自己是一个更大的组织的一部分，是一个与他们紧密相连并共同实现目标的员工群体的一部分。有了一个强调所有权的组织氛围，所有权就可以促使一个组织成为一个拥有共同愿景和共同目标的共同体（Pierce et al.，1991）。虽然所有权包含着内在激励和外在激励的复杂因素，但对于组织的所有者来说，所有权的最终目标是产生对组织有利的结果。

4.1.2.6 心理所有权

（1）心理所有权的概念

与客观所有权相对应的一个概念就是心理所有权，在研究微观层面的客观所有权的影响时，心理所有权是无法绕开的一个话题。心理所有权源于我所拥有的私人财产和所有物的心理，它被定义为"一种状态，在这种状态下，个人感觉所有权的对象（或对象的一部分）是他们的（即，它是我的）"（Pierce et al.，2001）。Pierce 等（1991）将心理所有权定义为多维的心理状态，是人们对目标产生占有欲的感觉，从而导致人们认为目标属于他们。这些占有欲的感觉受到人类需求三个方面的影响：自我效能感、自我认同感和归属感。

Etzioni（1991）指出，所有权在物质和心理上都是容易被感知的。但是，心理所有权和客观所有权可能有很大差异。客观所有权是社会正式承认的，而心理所有权则仅是由拥有这种感觉的人承认的。因此，心理所有权无论有或没有客观所有权都会存在（Furby，1980；Etzioni，1991）。

（2）心理所有权的产生途径

Pierce 等（2004，2009）的理论认为，人们可以通过三种不同的路径或过程来感知心理所有权：控制所有权对象、深入了解所有权对象、对所有权对象的投资。因此，对所有权客体的控制越多，收集到的关于该客体的信息越多，该客体就能被塑造得越多，自我就会越依附于该客体（Pierce et al.，2009）。

控制所有权对象。拥有一件物品意味着能够使用、控制或操纵该物品。对客体施加控制和影响会促进该客体成为个体自我意识的一部分。个体对其进行最多控制的对象是最有可能被体验为"自我"的对象。

深入了解所有权目标。个体的所有权对象（如想法、设备、工作或组织）在一段时间内与个人在一起，该对象就会在心理上变成"我的"。正是通过与对象的关联过程，所有权意识才会产生。收集到的关于所有权客体的信息越多，主体与客体之间的联系就会变得越密切，导致客体成为主体自我存在的一部分。

对所有权对象进行投资。如果一个物体从自我中出现，换句话说，如果一个人在这个物体上投入了精力、注意力和时间，那么自我和这个物体之间就会形成一种联系或结合关系，从而产生对这个物体的归属感。例如，员工和他们使用的机器、他们进行的工作和他们产生的想法之间会产生一种"主人翁意识"。

（3）客观所有权与心理所有权的关系

之前的概述指出了心理所有权和客观所有权之间的根本区别（Klein，1987；Pierce et al.，1991）。心理所有权是员工认为自己对组织及其资产拥有一定程度的所有权的信念和感受。这一定义植根于与所有权概念相关的社会生活和个人经验（Ownership Associates）。客观所有权是所有权的一种正式的形式，它将所有权概念具体化（Ownership Associates）。例如，客观所有权可能体现在员工在其工作的组织中拥有股票的实际数量上。

因此，客观所有权处理的是数学方程问题，它反映的是财务回报和所持股票水平，而心理所有权处理的是个人的所有权水平问题，而不论实际所有权是否存在。一方面，一个人可能拥有股票的实际所有权，但可能没有心理所有权。另一方面，一个人可能会有强烈的心理所有权，而实际上并不拥有客观所有权。Etzioni（1991）指出，心理所有权与客观所有权的显著区别在于以下几个方面：首先，心理所有权最先由个体感知，而客观所有权则是最先被社会所确定和认可，并受到法律保护；其次，心理所有权可能在法定所有权缺失的状态下存在；再次，即使是客观法定拥有某一客体，人们在心理上也未必对其有认同感；最后，心理所有权带来的责任也与客观所有权不同。但是客观所有权和心理所有权之间并不是毫不相关的，客观所有权在一定程度上可能会对心理所有权产生促进作用。

因此，有些学者认为客观所有权会增强员工的心理所有权，客观所有权通过影响心理所有权从而影响个体的态度和行为（Pierce et al.，2003；杨哲，2016；陈文沛等，2018），但也有学者提出了不同意见，例如，McConville 等（2016）通过基于大量访谈的质性研究发现，员工在参与 ESOP 的过程中，心理所有权并没有太大的变化，有些人在持股之前就有很高的心理所有权，这并不是客观所有权导致的，而是之前的一些措施和行为导致的。因此得出结论，在解释客观所有权对员工态度和行为的影响时，心理所有权并不一定是一个很好的中介机制。

4.1.2.7　员工持股与企业共同体

2013 年，党的十八届三中全会提出了"允许混合所有制企业实行员工持股，以形成资本所有者和劳动者利益共同体"之后，很多学者也提出了类似的理念（晓亮，2002；印智平，2019）。除了利益共同体之外，也有学者指出员工持股有助于实现员工与企业形成命运共同体的关系。罗丽娟（2019）提出，员工持股是形成员工与企业的命运共同体的有效机制。首先，员工持股是一种分享制，使员工与企业按照所持有股权分配企业剩余，克服了企业与员工之间的利益对立。其次，员工持股使劳动者拥有了企业股权，也使劳动者成为企业所有者之一。

总体而言，从理论上看，员工持股使得员工实现了身份的转变，保证了员工利益与企业利益相一致的分配机制，这种利益共同体的形成是企业共同体构建的基础，因为劳资双方冲突的焦点一般都是利益。在利益共同体的基础上，员工持股会促使员工关心企业命运，从而形成了命运共同体。但是目前关于这方面的实证研究非常少，因此，本书将首先对两者之间的关系进行研究。

4.1.3 心理契约（Psychological Contract）

4.1.3.1 心理契约的定义

20世纪60年代，Argyris（1960）正式提出了心理契约的概念。自20世纪60年代以来，学者们对心理契约的相关文献做出了各种各样的贡献，但对这一概念的发展起到最大影响力的，还属Rousseau（1989，1995），他指出心理契约可以说是雇员和雇主间对于雇佣关系的不成文理解（Rousseau，1989；Rousseau，1995；Aggarwal & Bhargava 2009）。这暗示了心理契约的主要功能和目的是补充书面契约中未涉及的与雇佣关系相关的知识空白（Anderson & Schalk，1998）。O'Donohue和Wickham（2008）认为，相比而言，心理契约和传统契约最基本的区别在于，传统契约提供了有关组织的具体雇佣条款和条件，而心理契约则形成了员工基于感知对雇佣关系产生的心理图景。

根据Anderson和Schalk（1998）的观点，回顾心理契约的概念发展史，相关理念主要分为两个流派：一是由Schein（1980）提出的——心理契约是雇员与雇主双方之间的一种交换关系。根据Pate和Scullion（2009）的观点，此思想流派中的心理契约需要员工和雇主同时相互理解。他们认为，只有从雇员和雇主角度出发，将双方在雇佣关系中的义务结合起来，才能衡量双方的相互认知（Aggarwal & Bhargava，2009）。不过，由于这个学派在对雇员和组织这两个不同级别的期望值作比较以及对于谁应充当组织代表这一问题还有争论的前提下便将心理契约概念化，也受到了批判。

二是由 Rousseau（1995）率先提出的第二种思想流派强调，心理契约是雇员由其在组织中受雇的性质以及相互义务而形成的个人信念（Rousseau，1995；Anderson & Schalk，1998）。这种心理契约的概念相较于第一种思想流派更狭义，因为这种思想是围绕着雇员个人在与组织的雇佣关系方面的经验解释发展而来的（Rousseau，1995；Anderson & Schalk，1998；Janssens et al.，2003；Guest，2004；Aggarwal & Bhargava，2009）。根据 Aggarwal 和 Bhargava（2009）的观点，这种思想流派中的心理契约可以表示为一种概念模型，它影响员工在组织内的互动和行为方式。虽然这种单方面的概念化可以看作在个体层面上构筑的心理契约，但作为对雇佣关系的主观理解而言（Anderson & Schalk，1998），它在研究不同动机的影响中，扮演着重要角色（Sparrow，1996）。

这些心理契约研究的历史发展简论及其不同的概念突出了一种转变，即从将雇员和他的雇主结合在一起的心理契约双边视角转变为仅仅基于雇员个人感知的单边视角（Anderson & Schalk，1998）。基于前人的研究，以及本书研究的特点，本书采用了大多数研究者（Robinson et al.，1994；Robinson，1996）使用的Rousseau 的观点，将心理契约概念化为"由组织塑造的关于个体的信念，个人及其组织之间的交换协议"，即只考虑雇员单方的观点。

4.1.3.2　心理契约的维度

心理契约有很多种划分维度的方式，本书采用了最有代表性的二维结构，即交易型心理契约（Transactional Psychological Contract）和关系型心理契约（Relational Psychological Contract）。

关系型契约的特点是长期雇佣关系和开放式成员关系（Rousseau，1995；

Aggarwal & Bhargava，2009）。这种类型的心理契约表示高度的承诺、信任和忠诚，且这种情感会随着时间的推移而不断增长（Rousseau，1995；O'Donohue et al.，2007；O'Donohue & Wickham，2008；Morgan & Finniear，2009）。然而，Rousseau（1995）认为这种类型的心理契约在绩效要求上存在一定的模糊性。因此，这种类型的契约在双方长期投资关系下具有一定的社会情感性质（Aggarwal & Bhargava，2009；Morgan & Finniear，2009）。

交易型契约的特点是短期雇佣关系和明确的义务（Rousseau，1995；O'Donohue & Wickham，2008；Aggarwal & Bhargava，2009）。这种类型的心理契约传达了雇员和组织双方以及具体条款的低标准承诺和利己主义的行为方式（O'Donohue & Wickham，2008；Morgan & Finniear，2009）。因此，如果双方都处于短期投资关系，这种类型的契约可以被称为经济性契约（Aggarwal & Bhargava，2009；Morgan & Finniear，2009）。

4.1.3.3　心理契约的影响因素

Rousseau（1995）认为心理契约的影响因素主要有两个方面：一是外部因素，如组织信息（Organizational Messages）和社会线索（Social Cues）；二是影响员工认知推理的内部因素，如员工的编码和解码过程（Encoding and Decoding Processes）以及影响其认知推理的个人特征。同样地，这两方面也适用于对心理契约实现的影响。

首先，外部因素包括组织信息和社会线索。Rousseau（1995）注意到，组织会通过不同类型的信息向员工传递不同类型的承诺，如公开的声明、对行事风格及对他人行为的观察、政策、程序等。Rousseau（1995）发现的另一种类型的外部因素是社会线索。社会线索定义为在组织内部员工间或团队间传达的，组织在面对与工作相关的不同情况时的历史处理方法的信息（Rousseau，1995）。

其次，内部因素被分为编码过程和解码过程。编码过程（Encoding Process）是指适用于个人的，解释组织传达的不同信息和社会暗示的过程（Rousseau，

1995)。Rousseau（1995）强调了弄清以下两点的重要性：一是员工将组织信息解释为承诺的驱动因素，二是组织为确保其信息被解释成其原本初衷所应采取的措施。第二点使员工在编码过程中形成个人特征。Rousseau（1995）认为主要有两个因素影响编码过程：认知偏见和个人动机。另外一个是解码过程（Decoding Process）。Rousseau（1995）认为，解码过程是指个人对根据履行其自身以及组织所传达的承诺所表现出的行为规范做出的判断。

综上所述，心理契约的感知，包括心理契约形成、实现和破裂的感知，受到各种因素的影响，既有企业外部因素也有个体内部因素的影响。

4.1.4　客观所有权与心理所有权的契合

通过前面的综述我们可以看出，很多学者认为客观所有权会增强员工的心理所有权（Pierce et al.，2003；杨哲，2016；陈文沛等，2018），但也有学者提出了不同意见，例如，McConville 等（2016）通过基于大量访谈的质性研究发现，员工在参与 ESOP 的过程中，心理所有权并没有太大的变化，有些人在持股之前就有很高的心理所有权，这并不是客观所有权导致的，而是之前的一些措施和行为导致的。因此得出结论，在解释客观所有权对员工态度和行为的影响时，心理所有权并不一定是一个很好的中介机制。

本书更认可后者的观点，因为产生心理所有权的三个主要路径：控制所有权对象、深入了解所有权对象、对所有权对象的投资（Pierce，1991），这并不一定需要通过员工持股来满足，很多其他的人力资源管理措施也可以达到这个效果。另外，中国的持股计划在很多情况下并不能给员工带来实际的知情权、控制权等权利，导致员工并不一定能够感知到控制、了解、投入的增加，因此，本书认为客观所有权与心理所有权是并列的关系。

心理所有权不一定与客观所有权相关，但是却会影响员工对客观所有权的认知。首先，员工持股/所有权之所以会对员工的态度和行为产生影响，是因为它包含着一定的激励因素（Ownership Associates），包括内在驱动力或内在激励因素，如满足自我发展需要的期望，以及外在激励因素，如经济回报。不同的员工持股后所感受到的激励因素是不一样的：有些员工更多地感受到的是外在激励，即物质激励，而并没有感受到内在激励。这是非常普遍的一种现象，即员工仅仅将持有公司股权作为薪酬的一部分，也就是将股权作为另一种工资形式，而没有感受到这是公司对自己的认可，没有满足情感上的更高层次的需求。这在一定程度上取决于员工持股方案的实施形式，如是否配合员工参与决策制度等，另外也与员工的心理所有权相关。当员工的心理所有权程度较低时，员工对组织并没有占有欲，他只是更多地将所有权看作一种物质激励，这是一种显性的激励，因为员工持股计划总是伴随利益分享的。但是当员工的心理所有权程度较高时，员工对组织本来就有一定的占有欲，此时赋予他股权，就可以满足他更高层次的心理和情感方面的需要，从而更多地将持股看作一种内在激励。

总体而言，如果只关注客观的持股，而忽视对员工心理所有权的培养，就很容易将持股变成一种纯粹的物质激励手段。然而，将客观所有权和心理所有权结合起来时，这两种所有权可以在组织成员之间创造一定程度的联系（Heinen & Bancroft，2000）。这种情感连接或共同体感（Ownership Associates）是客观所有权的一个内在激励因素，在高心理所有权的情况下才能更好地实现。在客观所有权和心理所有权匹配时，这两种所有权可以促使一个组织成为一个拥有共同愿景和共同目标的共同体（Pierce et al.，1991）。如图4-1所示，一开始企业没有实施员工持股制度时，企业和员工之间是冷冰冰的交易关系，当企业实施员工持股制度后，员工拥有了客观所有权，如果员工拥有与之匹配的心理所有权，那么就可以促进企业员工共同体关系的形成。因此，持股员工只有匹配同样的心理所有权时，才能促进关系型心理契约的实现，从而导致更强的共同体感知。

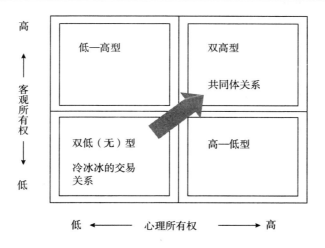

图 4-1　客观所有权与心理所有权

4.2　假设提出

4.2.1　客观所有权、心理所有权对心理契约的影响

根据 Rousseau（1995）提出的心理契约的理论，影响心理契约的因素主要有两个方面：一是外部因素，如组织信息（Organizational Messages）和社会线索（Social Cues）；二是影响员工认知推理的内部因素，如员工的编码和解码过程（Encoding and Decoding Processes）以及影响其认知推理的个人特征。

其中，外部因素中的组织信息（Organizational Messages）是指组织会通过不同类型的信息向员工传递不同类型的承诺，如公开的声明、政策、程序和人力资源管理手册等。员工持股作为一种组织政策，属于组织信息，会对员工的心理契约产生影响（Rousseau，1995）。心理契约分为两个维度：交易型心理契约和关系型心理契约。客观所有权对这两个维度的心理契约都可能会产生影响。

内部因素中的员工的编码过程（Encoding Process）也会对心理契约产生影响，即适用于个人的，解释组织传达的不同信息和社会暗示的过程（Rousseau，1995）。客观所有权作为组织传达的一种信息，不同的员工对其有不同的理解，也就是有不同的编码过程（Encoding Process）。例如，我们在访谈中发现，有些员工仅仅将持股看作一种物质收益，是年薪的一部分，股票仅仅是另一种工资形式而已。但有些员工却将持股看作一种认可，并产生了更强的归属感。French 和 Rothstein（1984）的研究也发现，接受调查的人中有 3/4 认为持股是一项投资，而不是要求其在决策中发挥更积极的作用，这表明，持股被其员工更多地视为金融投资机会，员工更多地将自己视为利益相关者而不是所有者。

因此，员工持股对员工心理契约的影响取决于员工对持股这一信息的解读：如果员工的心理所有权较低，就会将持股更多地看作一种物质激励，从而对交易型心理契约产生正向的影响；如果员工具有较高的心理所有权，就会将持股更多地看作非物质的、情感、关系方面的激励，从而对关系型心理契约产生正向的影响。基于以上的理论梳理与分析，本书提出如下假设：

假设 4-1：客观所有权与心理所有权对员工的交易型心理契约有显著交互效应。与高心理所有权相比，在低心理所有权时，客观所有权会导致更强的交易型心理契约。

假设 4-2：客观所有权与心理所有权对员工的关系型心理契约有显著交互效应。与低心理所有权相比，在高心理所有权时，客观所有权会导致更强的关系型心理契约。

4.2.2　心理契约对共同体感知的影响

根据现有的 SOC 理论框架（Nowell & Boyd，2010），SOC 是由个人的需求与共同体环境相互作用而产生的（McMillan & Chavis，1986）。从这个意义上说，SOC 是当共同体作为资源（Resource）来满足个体关键的需求时产生的，尤其是心理需求，比如对关系、影响和情感的需求（Nowell & Boyd，2010；McMillan，2011）。从理论上讲，满足这些需求会带来共同体感知。

因此，不同的心理契约的实现会满足员工不同的需求，从而对共同体感知产生不同的影响。交易型心理契约更多地关注短期的和经济型的交互关系。关系型心理契约更多关注长期的、社会情感型的交互关系。因为共同体感知是由成员与组织以及成员之间相互支持的关系发展而来的（Heller，1989），并强调员工感知与组织之间具有共同身份、情感、目标和价值观，因此强调奉献和忠诚的关系型心理契约更能促进员工的共同体感知。与之相对地，关注经济利益交换的交易型心理契约则与共同体感知负相关。基于以上的理论梳理与分析，本书提出如下假设：

假设 4-3：交易型心理契约与共同体感知之间呈负相关关系。

假设 4-4：关系型心理契约与共同体感知之间呈正相关关系。

4.2.3　整体假设

根据目前为止提出的逻辑，SOC 是由个人的需求与共同体相互作用而产生的。按照这一思路，当组织环境提供的资源影响到员工对其需求得到满足的看法时，就会产生 SOC。因此，组织的政策影响了员工心理契约的实现程度，也就影响了他们需求的满足程度，从而影响了他们的共同体感知（Schein，1980；Rousseau，1995）。具体而言，员工持股作为一项组织政策，影响了员工的心理契约的实现，从而影响了他们的需求满足以及共同体感知。同时，这一过程又受到员工心理所有权的影响。如果员工的心理所有权较低，就会将持股更多地看作一种物质激励，从而促进交易型心理契约的实现，对共同体感知有负向的影响；如果员工具有较高的心理所有权，就会将持股更多地看作非物质的、情感、关系方面的激励，从而促进关系型心理契约的实现，并对共同体感知产生正向的影响。基于此，本书提出如下假设：

假设 4-5：心理所有权调节了客观所有权、交易型心理契约、共同体感知之间的中介关系。与高心理所有权相比，在低心理所有权时，中介效应更明显。

假设4-6：心理所有权调节了客观所有权、关系型心理契约、共同体感知之间的中介关系。与低心理所有权相比，在高心理所有权时，中介效应更明显。

假设4-1~假设4-6的理论模型如图4-2所示。

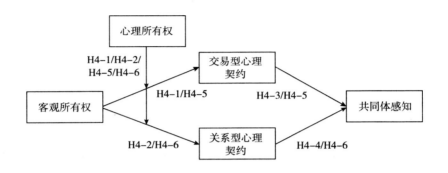

图4-2　理论模型

4.3　实证检验

4.3.1　研究样本

本书采用问卷调查法，在我国东部的一家企业进行调研。在问卷中，我们告知被试问卷调查的主要目的，并且强调问卷完全匿名，不会泄露被试填写的任何信息，让被试能够放心作答。为了避免共同方法偏差的影响，数据分为两次收集，间隔时间为两周。在第一次问卷中我们请被试填写了身份证号后四位（用于匹配），两周后我们向被试发放第二次问卷，并请他们填写身份证号后四位（用于匹配)。第一次测量的变量包括持股情况、心理契约和人口学信息,第二次测量的变量为共同体感知。

在本次研究中,第一次回收问卷 228 份,第二次回收问卷 193 份。剔除无效问卷,最终得到 181 份匹配问卷,问卷有效率为 93.7%。匹配后的样本中男性占 9%,平均年龄为 31.5 岁,在本单位的平均工作年限为 4.32 年,大部分员工的学历是大学本科,占 72.4%。

4.3.2　测量方法

本书采用已有研究使用过的成熟量表,使用回译法并结合我国员工的实际情况在措辞上进行修订,最终得到中文版本的量表。所有量表均使用 Likert 七点计分方法,1 代表"非常不同意",7 代表"非常同意"。

客观所有权:本书使用一个问题来测量持股情况,"您是否持有公司股权"。

心理所有权:本书使用 Van Dyne 和 Pierce (2004) 发展的 4 条目量表测量员工的心理所有权。具体条目如"这是我的公司""我感觉这个公司是我们大家的"。在本书中样本的信度 (Cronbach Alpha) 为 0.74。

心理契约:本书借鉴国内彭川宇 (2008) 编制的心理契约量表并进行了适当的修改。其中,交易型心理契约有 4 个题项,具体条目如"与同类公司相比,公司的薪酬具有一定的竞争力",在本书中样本的信度 (Cronbach Alpha) 为 0.70;关系型心理契约有 7 个题项,具体条目如"公司给予我足够的信任和支持",在本书中样本的信度 (Cronbach Alpha) 为 0.72。

共同体感知:本书使用了在第 3 章中开发的量表测量员工的企业共同体感知。在本书中样本的信度 (Cronbach Alpha) 为 0.87。

控制变量:根据以往研究惯例,本书将员工的性别、年龄以及在本组织内的工作年限这些人口学变量作为控制变量。

4.3.3　分析方法

本书采用 SPSS 24.0 和 Mplus 7.4 统计分析软件进行数据分析。首先，通过验证性因子分析确保变量测量具有良好的结构效度。其次，进行描述性统计分析和相关分析，初步了解变量之间的关系。最后，对本书提出的假设进行检验，使用 SPSS 以及 Hayes（2013）开发的 PROCESS 宏对研究假设进行验证。通过 Boot-strap 置信区间检验法，不仅可以分别检验两条路径的效果，还可以检验被调节的中介效应。

4.3.4　效度检验

本书采用 Mplus 7.4 对所有变量进行验证性因子分析，以考察本书是否准确测量了不同的构念。结果显示，四因子模型的拟合度指标 RMSEA = 0.094，CFI = 0.662，TLI = 0.633，虽然四因子模型拟合结果中有部分指标并不完全符合理想标准，但是该模型优于许多替代模型，如三因子模型（SOC，PO，TC-RC；RM-SEA = 0.102，CFI = 0.602，TLI = 0.571）、二因子模型（PO，SOC-TC-RC；RM-SEA = 0.107，CFI = 0.561，TLI = 0.529）、单因子模型（RMSEA = 0.119，CFI = 0.451，TLI = 0.412）。

4.3.5　描述性分析

变量的描述性统计、相关系数和信度系数如表4-2所示。从表4-2中可以看出，个体的客观所有权与交易型心理契约和关系型心理契约没有显著相关，但是与共同体感知呈正相关（r = 0.117，p<0.1），心理所有权与交易型心理契约（r = -0.158，p<0.05）显著负相关，并和关系型心理契约（r = 0.330，p<0.01）显著正相关。交易型心理契约与共同体感知不相关，关系型心理契约与共同体感

知呈正相关（r=0.322，p<0.01）。这些结果为我们的假设提供了初步的支持。

表4-2　变量的描述性统计、相关系数和信度系数

变量	均值	标准差	1	2	3	4	5	6	7	8
客观所有权	0.54	0.50								
心理所有权	3.52	1.14	0.004	0.74						
交易型心理契约	3.33	0.99	−0.086	−0.158*	0.70					
关系型心理契约	4.56	0.65	0.007	0.330**	−0.107	0.72				
共同体感知	5.69	0.73	0.117†	0.143	−0.149	0.322**	0.87			
性别	0.09	0.28	0.013	0.060	−0.006	−0.10	−0.012			
年龄	31.50	5.83	0.093	−0.068	0.038	−0.147*	−0.054	0.053		
工作年限	4.32	3.21	−0.018	−0.046	0.055	−0.095	−0.077	0.024	0.422**	

注：† 表示 p<0.1；＊表示 p<0.05；＊＊表示 p<0.01。双尾检验。

4.3.6　假设检验

为检验假设1，我们以交易型心理契约为因变量进行回归分析。为了避免可能的多重共线性的影响，在构建客观所有权和心理所有权的交互项之前，先将调节变量进行中心化处理。表4-3中模型1的结果表明，客观所有权和心理所有权的交互项不显著（β=0.63，ns），假设4-1没有得到验证。

同样地，为了检验假设2，我们以关系型心理契约为因变量进行回归分析。表4-3中模型2的结果表明，客观所有权和心理所有权的交互项显著（β=0.202，p<0.05），假设4-2得到支持。

表4-3 回归分析结果

变量	交易型心理契约	关系型心理契约	共同体感知
	模型1	模型2	模型3
常数	3.260**	4.944**	4.300**
控制变量			
性别	0.010	-0.258	0.043
年龄	0.003	-0.011	0.000
工作年限	0.013	-0.004	-0.010
主要变量			
客观所有权（EO）	-0.173	0.021	0.155
心理所有权（PO）	-0.169	0.076	0.056
EO×PO	0.063	0.202*	-0.077
交易型心理契约			-0.073
关系型心理契约			0.349**
F	1.081	5.912	3.324
Adjusted R^2	0.003	0.141	0.094

注：性别："女性"＝0，"男性"＝1；客观所有权："持股"＝1，"不持股"＝0；†表示 $p<0.1$；*表示 $p<0.05$；**表示 $p<0.01$，双尾检验；所有系数均为非标准化系数。

由于心理所有权显著调节了客观所有权与关系型心理契约之间的关系，为了更加直观地表现出这种调节的作用效果，本书将心理所有权的平均数加减一个标准差，画出交互作用图，如图4-3所示。从图4-3中可以看出，当心理所有权高时（高于1个标准差），客观所有权与关系型心理契约正相关。

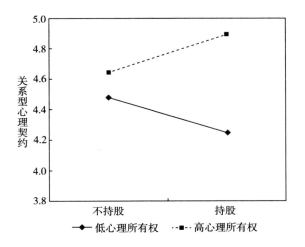

图4-3　心理所有权的调节作用

进一步地，我们检验心理契约与共同体感知之间的关系。为检验假设4-3和假设4-4，我们以共同体感知为因变量进行回归分析。表4-3中模型3的结果表明，交易型心理契约与共同体感知不相关（$\beta=-0.073$，ns），关系型心理契约与共同体感知显著正相关（$\beta=0.349$，$p<0.01$），假设4-3没有得到验证，假设4-4得到支持。

最后，本书采用Hayes（2013）提出的系数乘积区间检验法对有调节的中介作用进行检验。被调节的中介指数（the Index of Moderated Mediation）代表每当调节变量变化一个单位，自变量通过中介变量对因变量的间接效应变化了多少个单位，如果这个参数的置信区间不包括0，说明在调节变量不同的取值水平上，间接效应的变化是显著的（Hayes，2015）。使用PROCESS宏重复抽样20000次，结果如表4-4显示，对于客观所有权—关系型心理契约—共同体感知这一中介路径，被调节的中介指数显著（效应值=0.076，95%置信区间［0.002，0.151］），表明关系型心理契约在客观所有权和共同体感知中的中介效应受到心理所有权的调节。另外，对于客观所有权—交易型心理契约—共同体感知这一中介路径，被调节的中介指数不显著。由此，假设4-5没有得到验证，假设 4-6 得到支持。

表 4-4 Bootstrapping 检验结果

心理所有权	效应值	Bootstrap 95%质性区间
客观所有权→交易型心理契约→共同体感知		
Low（M−1SD）	−0.023	[−0.023, 0.093]
High（M+1SD）	0.010	[−0.050, 0.061]
Index of Difference（High−Low）	−0.005	[−0.053, 0.026]
客观所有权→关系型心理契约→共同体感知		
Low（M−1SD）	0.047	[−0.172, 0.015]
High（M+1SD）	0.058	[−0.026, 0.209]
Index of Difference（High−Low）	0.076†	[0.002, 0.151]

注：† 表示 20000-Replication Bootstrapped confidence interval excluded zero.

整体假设验证结果如图 4-4 所示。

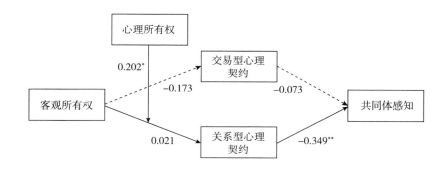

图 4-4 假设检验结果

表 4-5 总结了研究 2 中各假设得到数据支持的情况。

表 4-5 研究 2 假设检验情况总结

研究假设	结果
假设 4-1：客观所有权与心理所有权对员工的交易型心理契约有显著交互效应。与高心理所有权相比，在低心理所有权时，客观所有权会导致更强的交易型心理契约	×
假设 4-2：客观所有权与心理所有权对员工的关系型心理契约有显著交互效应。与低心理所有权相比，在高心理所有权时，客观所有权会导致更强的关系型心理契约	√
假设 4-3：交易型心理契约与共同体感知之间呈负相关关系	×
假设 4-4：关系型心理契约与共同体感知之间呈正相关关系	√
假设 4-5：心理所有权调节了客观所有权、交易型心理契约、共同体感知之间的中介关系。与高心理所有权相比，在低心理所有权时，中介效应更明显	×
假设 4-6：心理所有权调节了客观所有权、关系型心理契约、共同体感知之间的中介关系。与低心理所有权相比，在高心理所有权时，中介效应更明显	√

4.4 总结

研究 2 主要从个体层面研究了员工持股/客观所有权对共同体感知的影响机制和边界条件。从实证分析的结果来看，假设提出的两条中介路径只有一条得到了验证，即客观所有权和心理所有权的交互通过关系型心理契约影响员工的共同体感知，而对交易型心理契约没有显著的影响。这一结果其实也很好解释，交易型心理契约更多关注短期的和经济型的交换关系，而客观所有权虽然有一定的物质激励作用，但是这种物质激励也是长期的，而且更多的是一些非物质激励，因此客观所有权应当与关注广泛的、长期的、社会情感型的交互关系的关系型心理契约更相关，而与交易型心理契约不相关。另外，这与我国的文化也是相关的。在"集体主义"文化背景下，员工更容易赋予所有权除了财务收益之外的意义，如认可、奉献、信任等。因此在我国，客观所有权对关系型心理契约的影响更显著，对交易型心理契约的影响则不显著。

同时，相比于交易型心理契约，关系型心理契约才是真正能影响共同体感知的心理契约类型。这是因为共同体是为了满足个体更高层次的对于情感、归属等需求而出现的，共同体感知强调的是员工感知与组织之间具有共同身份、情感、目标和价值观，因此共同体感知与关系型心理契约有较强的关系，而交易型心理契约则对之没有影响。

另外，持股通过关系型心理契约影响共同体感知这一中介关系还受到个体心理所有权的影响，当员工拥有较高的心理所有权时，员工拥有客观所有权后就会将持股更多地看作非物质的、情感、关系方面的激励，从而促进员工的关系型心理契约的实现，从而导致更高的企业共同体感知。这一结论验证了我们提出的客观所有权要与心理所有权相匹配的观点。

第5章 企业—员工共同体关系对员工行为和福祉的影响

本章专注于探讨企业—员工共同体关系对员工行为和福祉的影响，尤其是团队领导持有股权这一特定情境下，团队成员共同体感知对个体行为和福祉的影响。

团队领导作为组织中的关键角色，其行为和决策对团队成员有着显著的影响。当团队领导持有公司股权时，他们不仅是团队的领导者，也是企业的共同所有者。这种双重身份可能会增强他们对企业共同体的承诺和责任感，进而帮助团队成员建立企业共同体的感知。共同体感知较高的团队成员，更可能展现出积极的工作态度和行为，如更高的工作投入、更好的团队合作和更低的离职率。此外，共同体感知还与员工的福祉密切相关，如工作满意度、组织承诺和心理健康等。

因此，本章的研究旨在探讨团队领导持有股权如何通过影响团队成员的共同体感知，进而影响员工的行为和福祉。通过这一研究，希望能够为组织提供策略建议，帮助他们优化团队领导的股权结构，以促进团队成员的共同体感知，提升员工的行为表现和福祉水平。

5.1 理论框架

5.1.1 涓滴效应 (Trickle-down Effect)

5.1.1.1 概述

学者们在过去的 10 年中对"涓滴效应"进行了越来越多的研究。所谓的"涓滴效应",即信息源(The Source;通常指的是经理(Manager))的感知、感觉、态度或行为影响发送者(The Transmitter;通常指的是主管(Supervisor))的感知、感觉、态度或行为,进而影响接收者(The Recipient;通常指的是下属)的感知、感觉、态度或行为(Aryee et al.,2007;Ambrose et al.,2013)。因此涓滴效应指的是感知、感觉、态度和行为在组织层级中的流动状况。例如,主管对从他或她的经理(信息源)接收到的交互公平程度的感知可能会向下渗透,以影响下属(接收者)从主管接收到的交互公平的感知(Aryee et al.,2007;Ambrose et al.,2013)。研究表明涓滴效应涉及广泛的研究领域,其中包括创造力、领导力、公平、绩效管理、协同合作、诚信行为、心理契约违背、道德、服务质量、辱骂行为、组织支持感和发言权。

无论是出于概念和实践,理解涓滴效应在组织环境中扮演的角色都是非常重要的。从概念层面上来讲,员工之间以及与外部利益相关者经常进行互动可以形成一个复杂的社交网络。人们在很长时间里一直觉得社交网络中的个体之间是相互影响的,因此现有的关于人际或社会影响的主要研究,主要体现在一个人对另一个人的直接影响方面上,这被称为直接社会影响;若是反过来影响始发者(Originator),则被称为互惠的社会影响(Wayne et al.,1997;Folger et al.,

2010）。然而，涓滴效应的研究表明，信息源（The Source）的对待方式也可能对其他人产生间接影响。换言之，社会影响并不局限于信息源和接收者之间的直接影响，它还可以通过社会网络来影响与原始信息源没有直接互动的个人来实现。信息源对接收方的影响通过传递者作为其影响接收方的路径来实现传达。毋庸置疑，对涓滴效应的研究是很重要的，这是因为理解这种间接的社会影响对于理解组织环境中的社会影响网络是至关重要的。

涓滴效应的重要性还体现在其间接性方面上。鉴于这些涓滴效应是间接发生的，因此经理和员工通常不知道其发生的时间和方式，其原始来源以及最终接受者。对于这一问题，研究涓滴效应的学者已经对其进行了深入的研究，很多学者在研究过程中已经注意到主管在员工的组织生活中扮演的核心角色（Ambrose et al.，2013）、涓滴效应对各级员工态度产生的广泛影响（Bordia et al.，2010）以及"重要的员工行为"和"有价值的组织成果"（Mayer et al.，2009）。

5.1.1.2　研究概念

大多数关于涓滴效应的文献都对涓滴现象进行了探讨。这些文章探索了一系列概念的涓滴效应，包括领导力（Leadership）、公平（Justice）、辱虐型领导（Abusive Supervision）、心理契约违背（Psychological Contract Breach）、组织支持感（Perceived Organizational Support）和行为正直（Behavioral Integrity）等。

（1）相同的概念

在涓滴效应的这些研究中，领导力受到的关注最多。学者们论述了一种或多种领导形式的涓滴效应。例如，授权型领导从高级领导者下放到低级领导者，然后影响下属的任务绩效，OCB（Byun，2016）和建言行为（Park，2017）。诚信领导通过主管的诚信领导影响员工的帮助行为（Hirst et al.，2016）。经理的辱骂行为会通过主管的辱骂行为向下渗透，影响员工的越轨行为（Mawritz et al.，2012）和团队成员的创造力（Liu et al.，2012）。管理者的威权领导会通过主管的威权领导影响员工的建言行为（Li & Sun，2015）。

组织公平感也会产生涓滴效应。经理对程序公平的看法会传递给主管，进而逐渐影响到下属的组织公民行为（Tepper & Taylor，2003）和下属对主管辱虐管理的感知（Tepper et al.，2006）。主管对其管理者的交互公平感和信息公平感会逐渐影响下属对其主管的交互公平感和信息公平感（Wo et al.，2015）。经理之间的公平互动会通过影响下属对上级主管的公平互动感知，进而逐渐影响下属的OCB 和组织承诺（Aryee et al.，2007）。

涓滴效应涉及多种其他概念。例如，经理的服务绩效（Service Performance）可以通过主管的服务绩效向下渗透从而影响员工的服务绩效（Liao & Chuang，2004）。研究表明，主管对心理契约违背的感知会向下渗透到影响下属对心理契约违背的感知（Hoobler & Brass，2006）和下属对顾客的公民行为。Shanock 和Eisenberger（2006）的研究表明主管的组织支持感（POS）会通过下属感知的主管支持（Perceived Supervisor Support；PSS）向下传递进而影响下属的 POS，并与下属的角色内绩效和角色外绩效呈正相关。Gratton 和 Erickson（2007）的研究发现，高层管理人员层面的合作通过主管层面的合作向下渗透，从而影响员工的合作行为。

还有研究证明涓滴效应会从组织的最高层到最低层进行传递。例如，Kolk 等（2016）对企业社会责任（CSR）伙伴关系形成的涓滴效应进行了比较案例研究，他们的研究结果表明高层管理人员参与和支持 CSR 伙伴关系的过程可以影响主管促进和支持这种参与的能力和意愿，从而影响了低级员工对这些伙伴关系的参与意愿。

（2）不同的概念

大多数涓滴研究都考察了基于同一概念主管的感知对下属感知的影响。然而，在不同的概念中也可能存在涓滴效应。Tepper 等（2006）的研究表明主管对程序公平的感知与下属对辱虐管理的感知相关。Erdogan 和 Enders（2007）的研究表明主管对 POS 的感知与领导—成员交换的质量存在交互作用，从而影响下属的工作满意度和绩效。Aryee 等（2007）的研究表明，主管的互动公平感知通过辱虐管理行为从而影响下属的组织承诺和 OCB。

本书所研究的涓滴效应针对的也是不同的概念，研究的是团队领导（主管）

持股对下属共同体感知的影响。在这里，持股是团队领导从组织那里接收到的一种信息，领导会将之传递给下属，从而影响下属的感知。

5.1.1.3　涓滴效应的理论基础

通过回顾涓滴效应的文献，学者们提出了不同的理论机制来解释涓滴效应，这里只综述最常用的几种理论。

（1）社会学习理论（Social Learning Theory）

社会学习理论（Bandura，1977，1986）是最常见的来解释涓滴效应的理论。研究表明了个人（如主管）可以通过一个替代学习过程（Vicarious Learning Process）来模仿另一个人（如他或她的经理）的行为，并且这种模仿行为会影响个人对待第三方（如他或她的下属）的方式。在涓滴效应的作用下，主管往往是员工的榜样。主管模仿上级对待他们的方式，在对待自己的下属或客户时可能会采取同样的行为。

例如，Ambrose 等（2013）认为，主管从经理那里得到的对互动公平的看法最终会影响下属的组织公民行为和越轨行为，因为"主管很可能会向他或她的经理学习与他人互动的适当方式"。

（2）社会交换理论（Social Exchange Theory）

学者们还用社会交换理论解释了涓滴效应。根据社会交换理论（Blau，1964），互惠规范（The Norm of Reciprocity）是规范社会交换的关键。当个人得到恩惠或好处时，互惠的规范会促使利益接受者通过回报恩惠来履行义务，希望继续这样互惠互利的关系，从而获得更有价值的好处（Blau，1964）。在涓滴效应的研究中，学者们认为，从经理那里得到公平待遇的主管觉得有义务回报公平待遇，所以会更公平地对待他们的下属或客户，因为这样做最终会给他们的交易伙伴带来好处。

例如，Masterson（2001）解释说，受到主管公平对待的教师也会更公平地对待学生，因为他们觉得"有义务回报组织，为组织提供一些有价值的回报"。Tepper 和 Taylor（2003）表明了主管对经理的程序公正感知会向下影响下属对主管程序公正的感知，他们认为"员工将程序公平理解为可以信任他们的雇主来保护他们的利益；这反过来又产生了以某种方式回报他们的雇主的义务"。

大多数依赖社会交换理论的学者认为，发送者（主管）以接收者（下属）为中心的行为目的是"回报"信息源（经理或组织）。然而，关于互惠和交换的研究表明，福利接受者不一定直接将恩惠回报给福利提供者。广义互惠原理认为，从一方获得的利益可以通过将利益授予第三方来"偿还"（Pfeiffer et al.，2005）。因此，可以通过向下属授予福利从而"偿还"主管从经理/组织那里获得的利益，而不是偿还原始的施惠者。Blau（1964）用类似的方式描述了间接交换（Indirect Exchange）的概念，就是"一个组织中的规范义务产生了间接交换链"。这些概念化解释了社会交换中产生的涓滴效应。

（3）替代性攻击（Displaced Aggression）

用来解释涓滴效应的第三个最常见的理论框架是替代性攻击。很多研究表明，替代性攻击（Tedeschi & Norman，1985）是涓滴效应的潜在机制。

替代性攻击与社会学习和社会交换解释的不同之处在于，它是一种更受情感驱动的机制，而不是和其他机制一样基于认知。替代性攻击指的是"将［人］的伤害行为从主要目标或受害者转向次要目标或受害者"（Tedeschi & Norman，1985）。遭受有害待遇的受害者通常会经历挫折、愤怒和怨恨，因此会表现出攻击性并予以还击。然而，在受害者和伤害者之间存在权力不对等的情况（如伤害者对受害者拥有权力），受害者可能无法引导他或她的攻击或反击最初的伤害者。相反，受害者倾向于向更容易的目标发泄他或她的攻击性，通常是权力较小的人（Marcus-Newhall et al.，2000）。在涓滴效应中，当主管受到经理的苛刻要求时，他们经常感到沮丧和愤怒。这些负面情绪让他们做好反击的准备。然而，由于经理通常拥有对主管的权力和权威，主管可能会将他们的攻击性转向自己的下属或家庭成员。

除了使用这三种经常被引用的理论来解释涓滴效应，一些学者还引用了氛围/文化（Climate/Culture）、社会信息处理理论（Social Information Processing Theory）、无意识过程（Nonconscious Processes）、信号理论（Signaling Theory）、

吸引力—选择—损耗（Attraction-Selection-Attrition）、社会互动模型（Social Interactionist Model）和自我调控理论（Self-regulation Theory）等，将其作为涓滴效应的解释机制（Detert & Treviño，2010；Biron et al.，2011；Mawritz et al.，2012；Schaubroeck et al.，2012；Wo，2015；Foulk et al.，2016）。

5.1.2 企业共同体感知框架

基于前人的研究基础，并结合本书对企业共同体感知的全新的定义和结构，本书构建了新的企业共同体感知框架，将企业共同体感知的结果分为三个方面：一是将企业作为一种资源，可以满足员工的各种需求，从而提高员工的幸福感；二是将企业作为一种责任，可以提高员工在组织中的参与，做出更多的亲组织行为；三是将企业与员工视为一体，从而增强了劳资合作的氛围。如图 5-1 所示。

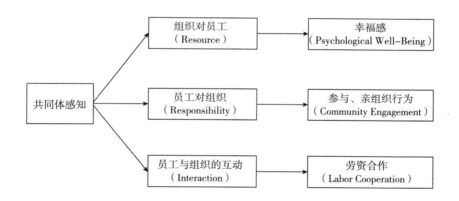

图 5-1 企业共同体感知框架

首先，当员工有企业共同体感知时，企业就可以作为提供满足员工关键的生理需求和心理需求的资源，在这种情况下，共同体感知应当与个人福祉（Personal Well-Being）呈正相关。之前的研究也验证了这一观点，例如，学者们发现共同体感知可以预测幸福感等结果（Davidson & Cotter，1991；Pretty et al.，1996；

Prezza & Pacilli，2007；Peterson，Speer & McMillan，2008）。

其次，当员工有企业共同体感知时，就会激发员工对企业福祉的责任感，即一种保护或提高企业整体以及其他员工福利的责任。它强调的是对企业的责任感，而不是个人从企业中得到什么。在这种情况下，共同体感知会增加个体的参与，并使得员工做出更多的亲组织行为（Nowell & Boyd，2014；Boyd & Nowell，2014）。

最后，共同体感知还代表了一种互动的态度，由于员工将企业视为共同体，因此不存在根本的利益冲突，在互动过程中就更会采取合作的态度，即使遇到冲突也会采取合作的解决方式。在这种情况下，共同体感知会塑造良好的劳资合作氛围。因此，本书的最后一个结果变量测量的是员工个体感知到的劳资合作氛围，是劳动关系氛围的一个子维度。

根据这一理论框架，本书选择了员工幸福感、建言行为和劳资合作三个变量作为企业共同体感知的结果变量，其中建言行为是参与和亲组织行为的一个重要指征。下面将对这三个变量进行一一介绍。

5.1.3　建言行为

5.1.3.1　概念定义和发展

关于员工建言行为的大部分组织研究都可以追溯到 Hirschman（1970），他将建言行为定义为一种试图改变而不是逃避令人反感的状况。Hirschman 发现，当个人面对不满时，他们会做出以下三种反应：①退出；②建言；③忠诚。Hirschman（1970）提出忠诚可以阻止个人的辞职，并促使他们表达出对现状的不满。Rusbult 等（1982）将忽视确定为解决令人不安局势的不满的第四种回应。Hirschman（1970）和 Rusbult 等（1982）的模型通常被称为退出、建言、忠诚和忽视（Exit，Voice，Loyalty，Neglect，EVLN）框架。忽视与忠诚的不同之处在于，员工接受了不满意的条件，不再试图改变现状（Farrell，1983）。例如，在工作环境中，忽视意味着在工作中花费更少的时间，在工作中花费更少的精力（Withey & Cooper，1989）。

最初，EVLN 框架与工会化有关（Dundonet et al.，2004）。相关的研究人员声称工会不仅为员工提供了发言权，而且集体发言权还会优于个人发言权，因为决策是根据多数人的观点做出的（Wilkinson & Fay，2011）。随着工会的衰落，取而代之的是工业民主，知识工人成为劳动力的一部分，并授权在其工作单位表达自己（Spreitzer，1996）。在这段时间里，下属和上级之间的关系从员工被告知如何工作，逐渐转变为员工影响管理的决策（Drucker，1966）。

在决策过程中，随着员工的授权导致了一种文化的转变，员工普遍认为他们有责任参与到这一过程中，并在组织中表达出自己的意见（Budd et al.，2010）。而文化的转变也影响了领导者的期望，因为领导者们开始寻找员工的想法和关注点（Budd et al.，2010）。按照这些思路，学者和实践者鼓励增强领导风格、组织学习行为和集体决策（Senge，1990）。这类行为被视作有助于参与式管理，这种理念的基础是员工拥有足够的能力、技能、知识和兴趣参与到商业决策（Eagly & Johnson，1990；McCabe & Lewin，1992）。这一观点在一项对员工话语权的管理解释的研究中得到了证实，在英格兰、苏格兰和爱尔兰的 18 个组织中，研究人员发现建言最常见的目的是促进管理决策（Dundon et al.，2004）。Dundon 等（2004）的结论是，建言可以表达个人的不满，并允许员工通过沟通渠道为组织作出贡献。

之后关于员工建言和员工参与的研究扩展到了重要的行为和战略领域（Dundon et al.，2004）。LePine 和 Van Dyne（1998）扩展了 EVLN 框架，并将员工的建言行为定义为与工作相关的问题的表达，其目的在于改进组织过程或结果。LePine 和 Van Dyne（1998）实际上将建言行为视为组织公民行为（OCB）的一种表现形式，但建言行为常常被人们认为是风险最高、成本最高的形式，在某种意义上它也是最崇高的表现类型。员工在表达自己的意见和想法时可能会被当成制造麻烦的人，被认为是破坏了当前现状的罪魁祸首。即使是员工提出一些可行的建设性建议，有时也可能会以某种方式扰乱当前的现状，或对现有的人际关系造成压力（LePine & Van Dyne，1998）。

5.1.3.2 建言行为的分类

根据 Van Dyne 和 LePine（1998）的研究，员工的建言被认为是具有挑战性的、有建设性的行为，其能够促进组织的有效运作。Maynes 和 Podsakoff（2013）则是将员工建言的定义扩展为促进性（即支持性和建设性）或禁止性（即防御性和破坏性）。无论对员工建言行为的定义如何，研究者普遍认为当员工为改善工作环境提供建设性的想法和建议时，建言总会被认为是一种积极的行为。

在本书的研究中，员工建言的定义是促进性（即建设性）行为，强调表达的目的在于改进而不是单纯意义上的批评（LePine & Van Dyne，1998；Maynes & Podsakoff，2013）。促进性建言行为表示支持组织程序，为其他员工批评的组织政策辩护，建议改进标准操作程序，并为新的或更有效的工作方法提出想法（Maynes & Podsakoff，2013）。同时本书采纳 LePine 和 Van Dyne（1998）的观点，将建言行为视为组织公民行为（OCB）的一种表现形式。

5.1.3.3 建言行为的前因

建言在很大程度上是由一系列内在的和外在的因素共同驱动的，这些因素影响一个人的表达意愿和欲望（Morrison，2011，2014）。Morrison（2014）提供了一个框架，将这些建言前因归为五个类别：①个人性格；②工作和组织的态度和看法；③情感和信念；④主管和领导者的行为；⑤环境因素。

第一，先决条件是个人性格。个人根据有意识的和无意识的决定分配他们的个人注意力和资源（Kanfer & Ackerman，1989），这表明某些人会进行建言的可能性更高，因为他们天生就有能力或意愿这样做。在这方面，性格坚毅以及成就动机高的员工（Maynes & Podsakoff，2014），自信且外向（Maynes & Podsakoff，2014）的员工更有可能进行建言，并且倾向于主动应对需求或利用机会（Detert & Burris，2007）。另外，Kanten 和 Ulker（2012）发现主动型人格与建言行为呈正相关关系。此外，当员工缺乏积极的调节能力和情绪稳定性（LePine & Van

Dyne，2001）或情绪低落（Detert & Edmondson，2011）时，他们不太可能从事建言行为。

第二，建言前因是工作/组织的态度和感知。当员工觉得有义务实施建设性变革（Lin & Johnson，2015），对自己的工作感到积极（Burris，2012），感受到同事、主管和组织的支持（Liang & Gong，2013）时，他们会做出建言行为。此外，当个人对工作拥有个人权威并能够认可自己的行为（Liu et al.，2015），对组织产生心理纽带（Burris et al.，2008），并认为组织是公平的（Zhang 等，2014）时，建言行为很可能会出现。Kanten 和 Ulker（2012）发现，感知的组织支持与建言行为之间存在显著的正相关关系。

第三，员工的情感和信念（个人感觉和对工作环境的理解）也会影响建言。一方面，当员工在人际交往中感到安全时，他们会说得更多（Liang et al.，2012）。另一方面，如果他们认为自己的想法不会被听到，或者说出来会带来负面影响，他们可能会避免建言（Burris et al.，2008）。员工的心理安全被认为是建言行为的重要先决条件，因为它提供了在组织中大胆建言的感觉。Walumbwa 和 Schaubroeck（2009）还发现，心理安全减轻了导致个人选择沉默而不是建言的恐惧。员工需要相信他们的主管或同事不会因表达自己的想法、建议或疑虑而对他们进行惩罚或误解（Liang et al.，2012）。

第四，主管和领导者的行为被视为建言行为的关键前提，因为领导者可以影响有关建言的工作场所规范，并直接鼓励或阻碍员工的行为。建立基于忠诚、情感和信任的对等关系（Burris et al.，2008），做出诚实的决定（Neubert et al.，2013），并且接受他人的想法（Burris，2012）的领导者会积极影响员工的建言行为。但是，当领导者对待员工有持续的敌意或进行虐待时，员工可能不太可能建言（Farh & Chen，2014）。最后，当员工信任领导者或对潜在风险情况下领导者的意图或行为抱有积极期望时，他们更有可能参与建言（Gao 等，2011）。

第五，建言前因是环境因素，它反映了影响建言的外部动力。Morrison（2011）发现，工作和社交压力源倾向于抑制建言。Morrison（2011）还指出，工作场所的氛围会影响员工的建言行为。建言往往是由积极的工作环境激发的，在这种环境中鼓励分享想法（Lee et al.，2014）。相反，以过度抱怨、悲观、缺乏支持或安全为特征的负面工作氛围将与建言负相关（George & Zhou，2001）。建言氛围被定义为对员工在工作场所被鼓励建言和提出建议的程度的共同看法（Frazier & Fainshmidt，2012）。

5.1.4　员工幸福感

5.1.4.1　幸福感的定义（Well-Being）

关于幸福的研究有两种广义的说法：享乐幸福和自我实现幸福（Hedonic and Eudaimonic Well-Being）（Biswas-Diener et al.，2009）。享乐幸福观认为幸福源于个人生活中寻求最大限度的愉悦和将痛苦减少到最小。另外，自我实现幸福观认为幸福建立在发挥潜力和实现自我价值的基础上。一些研究者认为，享乐论和自我实现论是考虑幸福感时相对的范式（Diener et al.，2006），而另一些研究者则认为，它们是互补的构架，共同支持整体的心理幸福感（Page & Vella-Brodrick，2009）（见表5-1）。

表5-1　享乐论与自我实现论的传统研究对比

传统幸福观	定义	关联变量
享乐幸福 （Hedonic Well-Being）	强调正面和负面情绪的情绪平衡，以及对人的生活满意度的主观认知判断	高积极情感、低消极情感、幸福、对生活感到满意
自我实现幸福 （Eudaimonic Well-Being）	强调"与生活的现存挑战接触"（Keyes et al.，2002），追求现实并获取成就	个人成长和发展、生活目标感、积极关系、自我认同、能够有效影响环境的能力

享乐幸福观专注于愉悦和幸福的体验，因而也被称为主观幸福感（Subjective Well-Being，SWB）。情绪的构建模型表明，积极情绪的体验扩大了个体可响应其思想和情感的积极行为（如创造力）的范畴（Wright & Cropanzano，2004）。

这样一来，对于许多需要参与广泛积极行动（如创造力）的工作而言，积极的情感体验尤其重要。

定点论（Set-point Theory）几十年来一直是 SWB 的主要理论之一。定点论的基本命题是，成年人的 SWB 程度不一，但对个人来说，幸福感或 SWB 的程度趋于稳定（Headey，2010）。这种理论认为幸福感有时会暂时偏离预设的 SWB 水平，这可以归因于生活经历。然而，根据该理论，在短暂的调整期之后，个人将恢复到他/她的通常状态下的幸福感。例如，结婚的经历与 SWB 的上升有关。但这峰值只会是暂时的，因为随着时间的推移，该人将返回其 SWB 基准水平。但是也有学者认为幸福感是可以改变的。Norrish 和 Vella-Brodrick（2008）认为，经过仔细的测量和评估，可以观察到幸福感的变化。的确，与定点论的最初定义相反，以正确的方式对待幸福会改变幸福感（Norrish & Vella-Brodrick，2008）。Diener 等（2006）认为，有证据表明生活条件对幸福感有着持久的影响。此外，研究表明，如果采取适当的措施，人们感受到的幸福感会发生变化（Lyubomirsky et al.，2005；Sheldon et al.，2010）。例如，持续的行为改变会导致持续的幸福感转变（Sheldon & Lyubomirsky，2004）。这表明，虽然幸福感是一种常态稳定的建构，但并不是预设的。因此，本书认为 SWB 具有延展性并且可能会受到管理行为的影响。

除了享乐主义外，研究者们还提出了实现自我价值对幸福感至关重要。在幸福感的研究中，这是一个相对年轻的维度。但是，这种方法使人联想到亚里士多德的哲学思想，即"追求卓越的生活"（Ryan & Deci，2008）。在他们的理论框架中，Ryan 和 Deci（2008）将享乐幸福观与自我实现幸福观区分开。他们认为，自我实现幸福观与处于良好状态有关，而享乐幸福观则与感到幸福的状态有关。学者们认为，享乐幸福观与自我实现幸福观不是相互矛盾的观点，而是人类获得幸福体验的互补部分。

Ryff（1989）提出了类似的框架以将自我实现幸福观概念化。Ryff（1989）提出的模型被确定为心理幸福感模型（Psychological Well-Being，PWB）。因此，PWB 实质上是自我价值实现的典范。该模型确定了六个组成部分，即自我认同、与他人的良好关系、对环境的掌握、自主权、意义和个人成长（Self-acceptance，Positive Relationships with Others，Environmental Mastery，Autonomy，Meaningfulness and Personal Growth）。

5.1.4.2　员工幸福感的综合模型

本书认为应该综合考虑两种评估幸福感的方法，以便详细阐述幸福感意味着什么，建立员工幸福感的全面模型。Ryan 和 Deci（2008）将 SWB 描述为幸福感的最终状态，而 PWB 则是一种以积极发展的方式生活的过程，从中体验到幸福感。在他们的研究中，SWB 和 PWB 都被包括在员工幸福感这一概念内，因为它们代表了员工发展过程中任何给定时间点的重要方面。这一点特别重要，因为幸福感和员工发展都是动态且持续的。

本书将遵循 Page 和 Vella-Brodrick（2009）所提出的员工心理健康模型。该模型基于 Keyes 等（2002）的模型，将 SWB 和 PWB 都纳入了整体心理健康的定义。Keyes 等（2002）的模型将积极感觉（如 SWB）和积极作用（如 PWB）指定为整体幸福感的组成部分。Page 和 Vella-Brodrick（2009）采纳了这种观点，并在此基础上进一步发展。他们提出了一种员工幸福感模型，该模型将工作中的良好感觉（即工作场所幸福感，WWB）与总体的积极感觉（即 SWB）区分开。

总结而言，本书采用了 Page 和 Vella-Brodrick（2009）的员工心理健康模型，将 SWB、WWB、PWB 结合起来全面测量员工的幸福感，如图 5-2 所示。主观幸福感（SWB）包括认知上对生活满意度的主观评价和情感上的积极情感或消极情感。工作场所幸福感（WWB）则是专门针对工作场所的主观幸福感，因此包含认知上对工作满意度的主观评价和情感上的积极情感或消极情感。主观幸福感注重人的感性，强调个体的幸福就是快乐。心理幸福感（PWB）则侧重人的理性，认为幸福是个人潜能的自我实现（Ryff，1989）。

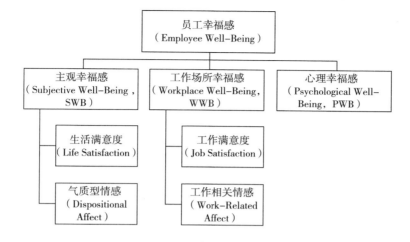

图 5-2　员工幸福感模型

5.1.5　劳资合作

5.1.5.1　劳动关系氛围

劳动关系氛围在最初描述了一个组织中工会—管理关系的状态和质量（Dastmalchian et al.，1989）。然而，自 20 世纪 80 年代以来，劳动关系氛围越来越被认为是一个多层面的概念，特别是考虑到工会密度和覆盖率的不断下降，以及非工会工作场所的增加，员工行使直接发言权增多，以及工作实践与组织绩效之间的关系（Kersley et al.，2006）。

如 Bryson（2005）、Kersley 等（2006）讨论的那样，对劳动关系氛围进行更全面的研究时，应将影响工作场所日常工会—管理层和员工—管理层互动的组织结构、做法、过程和成果考虑进去，因为工会—管理层关系只是劳动关系氛围的一个维度。这个概念与 Dastmalchian 等（1989）的观点不谋而合，Dastmalchian 等将劳动关系氛围特征定义为"组织成员"所感知的组织中特有的氛围。因此，我们可以看出，劳动关系氛围是组织氛围的一个小分支，指的是反映工人、工会和管理人员在工作场所如何集体互动的氛围、规范、态度和行为，这反过来又影响工作场所（Kersley et al.，2006）。因为劳动关系氛围是"组织成员"之间相互作用的函数，组织内的个人和群体可能持有不同的看法或态度（Schneider & Reichers，1983）。

不言而喻的是，"组织成员"在工作场所的行为方式将影响他们对个人、群体和组织层面的劳资关系过程和成果的态度和看法，反之亦然（Baltes et al.，2009）。Blyton 等（1987）认为，"主要劳资关系参与者"的个性将影响结构（工会化）、氛围和成果等方面，劳资关系往往低估了社会心理变量（如个性）的重要性。

学者们研究了与劳动关系氛围的维度、前因和后果相关的一系列问题（Kersley et al.，2006）。已经有许多尝试来定义高质量工会——管理关系的先决条件和实践（Huszczo & Hoyer，1994），以及不同类型的工会——管理关系的范围（Pyman et al.，2010）。先前的研究还探讨了合作劳动管理方案的前提因素，如收益分享、工作生活质量倡议和劳工管理委员会，以及这些方案与劳动关系之间的关系（Katz et al.，1983；Rubinstein，2000；Deery & Iverson，2005；Kersley et al.，2006）。例如，联合管理的项目已被证明对组织成果（如产品质量）有更有利的影响，进而对绩效产生更有利的影响。此外，人们发现，联合管理项目的有效性（而非参与式管理的水平），可以更好地预测劳动关系氛围（Hammer et al.，1991；Rubinstein，2000），进一步支持了 Huszczo 和 Hoyer（1994）的观点，即理想的工会——管理关系最好被归类为"建设性"的影响因素。

劳动关系氛围已被确定为高绩效工作系统与组织绩效和有效性之间联系的关键中间因素（Buttigieg & Gahan，2005；Kersley et al.，2006）。与雇主互惠互利的做法已被证明具有积极的绩效作用，因为它引导了更加合作的劳动关系氛围，提高了双方的忠诚度和员工对组织决策的参与（Godard & Delaney，2000；Deery & Iverson，2005）。其他已被发现与良好的劳动关系氛围相关的变量包括：对组织声望的积极看法，对主管的积极态度，减少缺勤、换班和冲突，创新，客户满意度以及服务/产品质量（Iverson et al.，2003；Carmeli，2004；Deery & Iverson，2005）。

5.1.5.2　劳资合作——劳动关系氛围的子维度

因为劳动关系氛围是"组织成员"之间相互作用的函数，组织内的个人和群体可能持有不同的看法或态度（Schneider & Reichers，1983）。因此很多学者认为这是一个微观个体层面的概念。Lee（2004）将劳动关系氛围定义为对劳动关系合作性程度的感知，把劳动关系氛围作为描述组织员工与管理者之间的共享水平，重点是利益共享水平。总体而言，以往研究者主要从合作—对立这一指标来对劳动关系氛围进行衡量，因此，劳资合作是劳动关系氛围里非常重要的一个维度。为了衡量共同体感知在中国背景下改善劳动关系的有效性，我们选择了劳动关系氛围中的劳资合作维度作为指标。本书以 Lee 等（2004）的研究为依据，采用了崔勋等（2012）的量表设计，讨论有员工和管理层互动关系的员工对氛围、规范、态度和行为的看法。

5.2　假设提出

5.2.1　团队领导持股对团队成员共同体感知的影响

根据"涓滴效应"，有三个理论可以分析团队领导持股与团队成员企业共同体感知之间的影响。

首先，社会学习理论（SLT）（Bandura，1977，1986）提供了一个基础，用于理解为什么团队领导持股（即公司给他们客观所有权）可能会影响其下属的共同体感知。社会学习理论认为，个体通过目睹并努力模仿可信和合法的行为来学习适当行为的规范（Bandura，1977，1986）。鉴于领导者在团队中的地位，他们经常充当适当行为的榜样。因此，如果公司给团队领导客观所有权，激发他们积极的态度和行为，如更努力地工作、更无私地奉献，那么在与他的下属互动时，这种积极的态度有望得到模仿，从而使下属也产生共同体感知。

其次，根据社会交换理论（Blau，1964），互惠规范（The Norm of Reciprocity）是规范社会交换的关键。当个人得到恩惠或好处时，互惠的规范会促使利益接受者通过回报恩惠来履行义务，希望继续这样互惠互利的关系，从而获得更有价值的好处（Gouldner，1960；Blau，1964）。因此，团队领导者拥有客观所有权，是团队领导者从组织那里获得的好处/恩惠，他会觉得有义务回报这种待遇，这种回报不一定是直接回馈组织，而是回馈给下属这个"第三方"（Pfeiffer et al.，2005），因此领导会做出一些针对团队和下属的组织公民行为（Leader's OCB to Team），下属受到这些来自领导的友好待遇有助于他们产生共同体感知。

最后，"涓滴效应"中的氛围理论也可以解释团队领导持股对下属共同体感知的影响。Naumann 和 Bennett（2000）强调了领导在团队氛围发展中的作用，将领导者称为"氛围工程师"（Climate Engineers）。因为领导会提供关于哪些行为将被奖励和惩罚，以及哪些行为将被优先考虑、重视和支持的信息（Clarke & Ward，2006），因此领导的态度和行为与团队氛围息息相关。当团队领导者拥有客观所有权，会导致他们更喜欢亲组织的行为、更欣赏对组织的高承诺等，渐渐地在团队中形成共同体感知的氛围，从而影响下属的共同体感知。

除了通过"涓滴效应"，领导持股还可以通过其他路径影响下属的共同体感知。例如，根据资源基础理论，团队所拥有和控制的特殊资源会构成团队的长期竞争优势（Barney，1991）。而团队的领导持股后，由于客观所有权带来的剩余控制权，很有可能让团队领导从企业中为自己的团队争取到更多的资源，从而更好地满足团队成员的需求，而需求的满足有助于共同体感知的形成。

基于以上的理论梳理与分析，本书提出如下假设：

假设5-1：团队领导持股与下属的共同体感知呈正相关关系。

由于领导对下属的影响是需要时间来发展和渗透的，因此本书还提出如下假设：

假设5-2：团队领导持股时长与下属的共同体感知呈正相关关系。

5.2.2　团队结构的调节作用

团队结构是涓滴效应中一个非常重要的调节因素。学者们已经区分了两种类型的结构：机械的和有机的（Mechanistic and Organic）（Lawrence & Lorsch，1967；Khandwalla，1976）。机械结构的特点是僵化、严密和官僚主义。相反，有机结构的特点是灵活、松散和权力分散。因为我们对这一研究的兴趣在于工作群体层面的现象（即团队内），因此我们遵循最近关注团队层次有机和机械结构的研究（Ambrose & Schminke，2003；DeGroot & Brownlee，2006；Dimotakis et al.，2012）。

我们认为，团队结构会调节领导持股与下属共同体感知的关系。我们预期，当团队结构更有机时，领导持股与下属共同体感知之间的关系会比结构更机械化时更强。我们的这一预期基于有机结构的两个特点。首先，适当的行为在有机结构中更加模糊。这种模糊性的增加使得管理者的行为更加突出和有影响力（Ambrose & Schminke，2003）。因此，在有机结构中，由于领导者的行为更加有影响力，一方面更能促进下属的"社会学习"，从而有更强的企业共同体感知；另一方面领导者本身由于"互惠规范"而采取的针对团队和下属的组织公民行为也会对下属产生更大的影响，从而有更强的企业共同体感知。

其次，有机的结构依靠面对面的交流，为领导和下属之间以及团队成员之间的互动提供了更多的机会（DeGroot & Brownlee，2006）。因此，在有机结构中，由于领导者对团队氛围更加有影响力，因此更容易在团队中形成共同体感知的氛围，从而影响下属的企业共同体感知。基于以上的理论梳理与分析，本书提出如下假设：

假设5-3：团队领导持股与团队结构对共同体感知有显著交互效应。与机械式结构相比，在有机结构下，团队领导持股与下属共同体感知之间的正相关关系较强。

假设5-4：团队领导持股时长与团队结构对共同体感知有显著交互效应。与机械式结构相比，在有机结构下，团队领导持股时长与下属共同体感知之间的正相关关系较强。

5.2.3 共同体感知对个体和组织结果的影响

根据 Nowell 和 Boyd（2010）的 SOCR 理论，与某一特定共同体的联系会唤起个体对共同体福祉的责任感，而这种责任感又是促进共同体成员行为的心理动力。这动力可能是出于提升共同体作为个体资源的价值的愿望，也可能是出于对共同体福祉的责任感，还可能是出于两者的某种结合。这一理论也得到了实证支持，学者们发现 SOC 水平较高的个人也更有可能从事亲共同体的行为（Chavis & Wandersman，1990）。在这一逻辑下，当员工有了企业共同体感知，就唤起了个体的责任感，员工可能会从事各种重要的亲组织行为，如建言行为。也就是说，员工和企业是一个共同体，有共同的身份、情感、目标和价值观，这种共同体的认知会进一步激发员工对组织的责任感，共同体感知高的员工会强烈地觉得自己有责任提升组织的福祉，因此在发现组织中的问题或者可以改进的地方时，就会做出建言行为。基于此，本书提出如下假设：

假设 5-5：共同体感知与建言行为呈正相关关系。

根据 SOC 的理论，共同体感知是由个人的需求与共同体环境相互作用而产生的（McMillan & Chavis，1986）。从这个意义上说，SOC 是当共同体作为资源（Resource）来满足关键的需求时产生的，如对关系、影响和情感的需求（Nowell & Boyd，2010；McMillan，2011）。从理论上讲，满足这些需求会带来更健康的心理和幸福感。这一理论也得到了很多实证支持，如 Davidson 和 Cotter（1991）发现 SOC 与居民幸福感存在显著的正相关关系。

在管理领域，按照这一思路，当组织环境提供的资源影响到员工对其需求得到满足的看法时，就会产生企业共同体感知。也就是说，随着企业对员工需求满足的增加，员工的共同体感知也会增强，并且根据其他文献的研究结果，这将导致更高的员工幸福感，包括工作满意度（Judge et al.，1998；Judge & Bono，

2001）。基于此，本书提出如下假设：

假设 5-6：共同体感知与幸福感呈正相关关系。

共同体感知包含的身份共同、目标共同都与劳资合作相关。因为自己与企业形成了共同的目标和利益，因此员工更愿意与组织进行合作，帮助组织获得更高的绩效，这样自己也会受益。另外，当员工与组织有共同体感知时，他们会与组织建立起较强的情感纽带，在这种情况下，员工与组织都会更多地选择合作，避免冲突，即使有了冲突也会选择合作式的解决方式，以使得这种共同体关系能够继续维持下去。总体而言，对于企业内劳动关系氛围的感知也会更加正向。基于此，本书提出如下假设：

假设 5-7：共同体感知与劳资合作呈正相关关系。

5.2.4　整体假设

在本书中，团队领导持股影响了下属的共同体感知，下属的共同体感知通过对员工需求的满足影响了员工幸福感，通过员工对组织产生的责任感影响了员工的建言行为，通过员工与组织的互动促进了劳资合作。因此团队领导持有公司股权后会通过影响团队下属的共同体感知从而影响下属的建言行为、幸福感以及劳资合作的感知。而团队结构调节了领导持股对下属共同体感知的影响从而调节了整个中介过程。基于上述分析，本书提出以下假设：

假设 5-8：团队结构调节了领导客观所有权、下属共同体感知、建言行为之间的中介关系。在有机结构下，中介效应更明显。

假设 5-9：团队结构调节了领导客观所有权、下属共同体感知、员工幸福感之间的中介关系。在有机结构下，中介效应更明显。

假设 5-10：团队结构调节了领导客观所有权、下属共同体感知、劳资合作之间的中介关系。在有机结构下，中介效应更明显。

假设 5-11：团队结构调节了领导持股年数、下属共同体感知、建言行为之间的中介关系。在有机结构下，中介效应更明显。

假设5-12：团队结构调节了领导持股年数、下属共同体感知、员工幸福感之间的中介关系。在有机结构下，中介效应更明显。

假设5-13：团队结构调节了领导持股年数、下属共同体感知、劳资合作之间的中介关系。在有机结构下，中介效应更明显。

假设5-1~假设5-13的理论模型如图5-3所示。

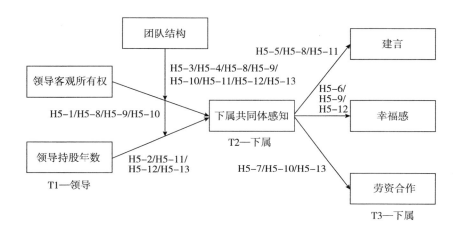

图5-3 理论模型

5.3 实证检验

5.3.1 研究步骤与样本

本书采用问卷调查的方法来验证本章提出的假设和模型。调查样本来源于中国一家实施员工持股的企业。该企业在国有企业改制的过程中实施了员工持股计划。在企业人力资源部的配合下，并向参与人员保证调研信息只用于研究的前提下，笔者在其总部和各分支机构（分公司）以团队为单位分三次发放了纸质的领导调查问卷和员工调查问卷，每次问卷发放时间间隔一个月。其中领导问卷测量了领导的持股情况（T1）、团队结构（T2）等变量；员工问卷测量了共同体感知（T2）、建言（T3）、幸福感（T3）、劳资合作（T3）等变量。

笔者首先根据公司人力资源部提供的信息对被调研员工个体及其所属团队进行编号，然后将所得数据按照团队进行匹配从而进行进一步的统计分析。员工问卷总计发放 512 份，三次后回收 433 份，回收率 85%。领导问卷总计发放 112 份，三次后回收共 90 份，回收率 80%。

5.3.2　测量方法

本书使用的部分量表原本是英文的，均由母语为英语和母语为中文的研究人员遵循"翻译—反向翻译"的方法翻译为中文（Brislin，1980）。问卷中的所有量表都为 7 点李克特量表。

持股情况：本书使用两个问题来测量领导的持股情况，一是"您是否持有公司股权"，二是"如果持股，您从哪一年开始持有公司股权的"。

团队结构：本书使用 Slevin 和 Covin（1997）发展的 4 条目量表测量团队结构。具体条目如"在团队里如果下属想自己做决定可能会很难"。在本书中样本的信度（Cronbach Alpha）为 0.73。

共同体感知：本书使用了在第 3 章中开发的量表测量团队中员工的共同体感知。在本书中样本的信度（Cronbach Alpha）为 0.94。

建言行为：本书使用了 Faraj 和 Sproull（2000）的 6 条目量表测量员工的建言行为。具体条目如"我会就改善组织的问题建言，并鼓励他人参与到其中""我会主动提出改善大家生活或工作的点子"。在本书中样本的信度（Cronbach Alpha）为 0.88。

员工幸福感：本书使用了 Zhang 等（2015）的 6 条目量表测量团队中员工的

幸福感。具体条目如"总体来说,我对我从事的工作感到非常满意""总的来说,我对自己是肯定的,并对自己充满信心"。在本书中样本的信度(Cronbach Alpha)为0.87。

劳资合作:本书借鉴了崔勋等(2012)的8条目量表,并做了一些调整,测量劳资合作。具体条目如"我与公司管理层能彼此信赖""公司会经常设身处地为我着想"。在本书中样本的信度(Cronbach Alpha)为0.95。

控制变量:根据以往研究,本书对领导年龄、性别和团队工作年限进行了控制。

5.3.3 分析方法

本书采用SPSS 24.0和Mplus 7.4统计分析软件进行数据分析。首先,通过验证性因子分析确保变量测量具有良好的结构效度。其次,进行描述性统计分析和相关分析,初步了解变量之间的关系。最后,使用SPSS以及Hayes(2013)开发的PROCESS宏对研究假设进行验证,因为这种方法可以同时有效检验中介和调节效应(Edwards & Lambert,2007)。为了增加我们的结果的可解释性,在计算交互项之前,我们将交互的两个变量进行了中心化处理(Iacobucci et al.,2016)。

5.3.4 效度检验

为了评估本书所使用量表的结构效度,我们对变量(即团队结构、共同体感知、建言行为、员工幸福感、劳资合作)进行了几项验证性因素分析(CFA)。结果表明,五因子模型的拟合度指标RMSEA=0.127,CFI=0.667,TLI=0.644,虽然五因子模型拟合结果中有部分指标并不完全符合理想标准,但是该模型优于许多替代模型,如四因子模型(GS-SOC,V,W,C;RMSEA=0.131,CFI=0.641,TLI=0.619)、三因子模型(GS-SOC,V-W,C;RMSEA=0.138,CFI=

0.605，TLI＝0.582）、二因子模型（GS-SOC，V-W-C；RMSEA＝0.155，CFI＝0.495，TLI＝0.467）、单因子模型（RMSEA＝0.174，CFI＝0.365，TLI＝0.330）。

5.3.5 描述性分析

变量的描述性统计、相关系数和信度系数如表5-2所示。从表5-2可以看出，领导持股/客观所有权与下属共同体感知（r＝0.271，p<0.01）和劳资合作（r＝0.095，p<0.05）呈正相关，但是与建言行为和员工幸福感没有显著相关。与此同时，领导持股时长与共同体感知呈正相关（r＝0.027，p<0.01），但是与建言行为、员工幸福感和劳资合作没有显著相关。而共同体感知与建言行为、员工幸福感和劳资合作都呈正相关（r＝0.447，p<0.01；r＝0.35，p<0.01；r＝0.473，p<0.01）。这些结果为我们的假设提供了初步的支持。

表5-2 变量的描述性统计、相关系数和信度系数

变量	均值	标准差	1	2	3	4	5	6	7	8	9	10
领导持股	0.85	0.34										
领导持股时长	14.34	7.55	0.77**									
团队结构	5.35	0.81	0.11*	0.063	0.73							
员工共同体感知	5.23	0.96	0.271**	0.027**	0.13**	0.94						
员工建言行为	5.01	1.04	0.07	0.070	0.034	0.447**	0.88					
员工幸福感	4.99	1.02	0.028	0.073	-0.011	0.35**	0.567**	0.87				
劳资合作	5.38	1.00	0.095*	0.077	0.046	0.473**	0.368**	0.348**	0.95			
性别	0.62	0.48	-0.035	-0.031	0.000	0.121*	0.076	-0.003	0.085			
年龄	41	9.79	-0.154**	-0.119*	0.060	-0.092	-0.016	-0.065	0.007	0.074		
工作年限	13.93	8.51	-0.104*	-0.070	0.017	-0.10*	-0.007	-0.039	0.028	0.002	0.729**	—

注：† 表示 p<0.1；* 表示 p<0.05；** 表示 p<0.01。双尾检验。

5.3.6 假设检验

因为领导的客观所有权与领导的持股年数都表征领导的持股情况，虽然代表持股的不同方面，但是存在一定的相关性，因此为了保证结果的准确性，本书对这两个变量相关的假设分别进行检验。

5.3.6.1 客观所有权

针对领导客观所有权假设检验的结果如表5-3所示。假设5-1预测领导的客观所有权与下属的共同体感知呈正相关。表5-3的模型1的结果支持了这一假设：领导的客观所有权与下属共同体感知显著正相关（γ=0.746，p<0.01）。

表5-3 回归分析结果

变量	下属共同体感知	建言行为	员工幸福感	劳资合作
	模型1	模型2	模型3	模型4
常数	4.634**	2.532**	3.344	2.739
控制变量				
性别	0.278**	0.052	−0.106	0.057
年龄	−0.002	0.001	−0.003	0.006
工作年限	−0.011	0.004	0.000	−0.001
主要变量				
领导持股（EO）	0.746**	−0.194	−0.182	−0.064
团队结构（TS）	−0.412**	0.109	−0.228	−0.213
EO×TS	0.629**	−0.120	0.198	0.265†
下属共同体感知		0.491**	0.389**	0.475**
F	10.299	14.179	9.299	17.316
Adjusted R^2	0.123	0.189	0.129	0.226

注：性别："女性"=0，"男性"=1；领导持股："持股"=1，"不持股"=0；†表示p<0.1；*表示p<0.05；**表示p<0.01，双尾检验；未标准化的系数。

假设 5-3 预测，团队结构会增强领导的客观所有权与下属共同体感知之间的关系。表 5-3 的模型 1 的结果支持了这一假设（γ=0.629，p<0.01）。图 5-4 更直观地画出了这一调节效应，从图 5-4 可以看出，当团队结构偏向于有机结构时（M+1sd），领导的客观所有权与下属共同体感知之间的关系更强，而当团队结构偏向于机械结构时（M-1sd），领导的客观所有权与下属共同体感知之间的关系较弱。这些结果为假设 5-3 提供了有力的支持。

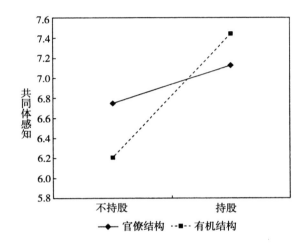

图 5-4　心理所有权对客观所有权和共同体感知的调节效应

假设 5-5～假设 5-7 阐述了模型后半部分变量之间的关系。假设 5-5 认为共同体感知与建言行为呈正相关。表 5-3 模型 2 的结果支持了这一假设（γ=0.491，p<0.01），因此假设 5-5 得到验证。假设 5-6 认为共同体感知与员工幸福感呈正相关。表 5-3 的模型 3 的结果支持了这一假设（γ=0.389，p<0.01），因此假设 5-6 得到验证。假设 7 认为共同体感知与劳资合作呈正相关，表 5-3 模型 4 的结果支持了这一假设（γ=0.475，p<0.01），因此假设 5-7 得到验证。

检验总体被调节的中介效应，即假设 5-8～假设 5-10。先检验领导的客观所有权是否会通过下属共同体感知对结果变量产生整体的间接正向影响。从图 5-5

中可以看出领导的客观所有权通过共同体感知影响结果变量包括三条路径：路径
a1（领导的客观所有权到下属共同体感知：γ＝0.746，p＜0.01）、路径 b1（共同
体感知到建言行为：γ＝0.491，p＜0.01）、路径 b2（共同体感知到幸福感：γ＝
0.389，p＜0.01）、路径 b3（共同体感知到劳资合作：γ＝0.475，p＜0.01）。此
外，我们进行了 Bootstrapping 分析（20000 Replications），发现客观所有权通过共
同体感知对建言行为产生的间接影响（路径 a1×路径 b1）显著，不包括零（效
应值＝0.373，95％置信区间［0.227，0.557］）；客观所有权通过共同体感知对
员工幸福感产生的间接影响（路径 a1×路径 b2）显著，不包括零（效应值＝
0.307，95％置信区间［0.187，0.452］）；客观所有权通过共同体感知对劳资合
作产生的间接影响（路径 a1×路径 b3）显著，不包括零（效应值＝0.382，95％
置信区间［0.229，0.572］）。这些结果为共同体感知的中介作用提供了有力的
支持。

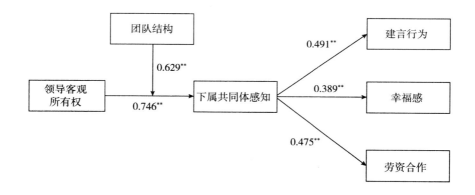

图 5-5　回归分析结果（非标准化系数）

接着我们检验团队结构是否调节了这些中介过程，即当团队结构趋向于有机
结构时，这些中介效应更强。我们进行了 Bootstrapping 分析（20000 Replica-
tions），结果如表 5-4 所示。

表 5-4 Bootstrap 检验结果

团队结构	效应值	Bootstrap 95%质性区间
领导持股→共同体感知→建言行为 路径 a1×路径 b1		
Low （M−1SD）	0.243†	[0.096, 0.447]
Mean	0.373†	[0.227, 0.557]
High （M+1SD）	0.634†	[0.393, 0.938]
Index of Difference （High−Low）	0.260†	[0.074, 0.455]
领导持股→共同体感知→员工幸福感 路径 a1×路径 b2		
Low （M−1SD）	0.204†	[0.094, 0.335]
Mean	0.307†	[0.187, 0.452]
High （M+1SD）	0.512†	[0.270, 0.837]
Index of Difference （High−Low）	0.205†	[0.033, 0.421]
领导持股→共同体感知→劳资合作 路径 a1×路径 b3		
Low （M−1SD）	0.250†	[0.109, 0.420]
Mean	0.382†	[0.229, 0.572]
High （M+1SD）	0.646†	[0.364, 1.047]
Index of Difference （High−Low）	0.263†	[0.060, 0.519]

注：† 表示 20000-Replication Bootstrapped confidence interval excluded zero。

首先，对路径 a1×路径 b1 进行检验。从表 5-4 中可以看出，当团队结构趋向于有机结构时，客观所有权通过共同体感知对建言行为产生的间接影响是显著的，不包括 0（效应值＝0.634，95%置信区间 [0.393, 0.938]）。当团队结构趋向于机械结构时，客观所有权通过共同体感知对建言行为产生的间接影响显著，不包括 0（效应值＝0.243，95%置信区间 [0.096, 0.447]）。此外，还计算了这两种情况下的差异指数，发现这种差异产生的置信区间显著，不包括 0（效应值＝0.260，95%置信区间 [0.074, 0.455]）。假设 5-8 得到验证。

其次，对路径 a1×路径 b2 进行检验。从表 5-4 中可以看出，当团队结构趋向于有机结构时，客观所有权通过共同体感知对员工幸福感产生的间接影响是显著的，不包括0（效应值＝0.512，95％置信区间［0.270，0.837］）。当团队结构趋向于机械结构时，客观所有权通过共同体感知对员工幸福感产生的间接影响显著，不包括0（效应值＝0.204，95％置信区间［0.094，0.335］）。此外，计算了这两种情况下的差异指数，发现这种差异产生的置信区间显著，不包括0（效应值＝0.205，95％置信区间［0.033，0.421］）。假设5-9得到验证。

最后，对路径a1×路径b3进行检验。从表5-4中可以看出，当团队结构趋向于有机结构时，客观所有权通过共同体感知对劳资合作产生的间接影响是显著的，不包括0（效应值＝0.646，95％置信区间［0.364，1.047］）。当团队结构趋向于机械结构时，客观所有权通过共同体感知对劳资合作产生的间接影响显著，不包括0（效应值＝0.250，95％置信区间［0.109，0.420］）。此外，计算了这两种情况下的差异指数，发现这种差异产生的置信区间显著，不包括0（效应值＝0.263，95％置信区间［0.060，0.519］）。假设5-10得到验证。

5.3.6.2 持股年数

针对领导持股时长假设检验的结果如表5-5和图5-6所示。假设5-2预测领导的持股年数与下属共同体感知呈正相关。表5-5的模型5的结果支持了这一假设：领导的持股年数与下属共同体感知显著正相关（γ＝0.023，p<0.01）。假设5-2得到验证。

表5-5 回归分析结果

变量	下属共同体感知	建言行为	员工幸福感	劳资合作
	模型5	模型6	模型7	模型8
常数	4.989**	2.489**	3.226**	2.743**
控制变量				
性别	0.270**	0.056	-0.105	0.049
年龄	-0.003	0.001	-0.001	0.006

续表

变量	下属共同体感知	建言行为	员工幸福感	劳资合作
	模型 5	模型 6	模型 7	模型 8
工作年限	−0.011	0.004	0.000	−0.001
主要变量				
领导持股时长（EOy）	0.023 **	−0.006	0.000	−0.005
团队结构（TS）	0.102 †	0.009	−0.079	−0.001
EOy×TS	0.028 **	−0.004	0.009	0.011
下属共同体感知		0.480 **	0.372 **	0.477 **
F	7.512	13.99	8.923	17.267
Adjusted R^2	0.09	0.187	0.124	0.225

注：性别："女性"=0，"男性"=1；† 表示 $p<0.1$；* 表示 $p<0.05$；** 表示 $p<0.01$。双尾检验。

假设 5-4 预测，团队结构会增强领导的持股时长与下属共同体感知之间的关系。表 5-5 的模型 5 的结果支持了这一假设（$\gamma=0.028$，$p<0.01$）。图 5-6 更直观地画出了这一调节效应，从图 5-6 中可以看出，当团队结构偏向于有机结构时（M+1sd），领导的持股时长与下属共同体感知之间的关系更强，而当团队结构偏向于机械结构时（M−1sd），领导的持股时长与下属共同体感知之间的关系较弱。这些结果为假设 5-4 提供了有力的支持。

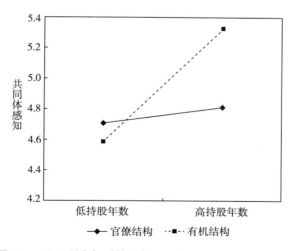

图 5-6　心理所有权对持股年数和共同体感知的调节效应

假设 5-5~假设 5-7 在阐述了模型后半部分变量之间的关系。假设 5-5 认为共同体感知与建言行为呈正相关。表 5-5 的模型 6 的结果支持了这一假设（γ=0.480，p<0.01），因此假设 5-5 得到验证。假设 5-6 认为共同体感知与幸福感呈正相关。表 5-5 的模型 7 的结果支持了这一假设（γ=0.372，p<0.01），因此假设 5-6 得到验证。假设 5-7 认为共同体感知与劳资合作呈正相关，表 5-5 的模型 8 的结果支持了这一假设（γ=0.477，p<0.01），因此假设 5-7 得到验证。

检验总体的被调节的中介效应，即假设 5-11~假设 5-13。首先检验领导的持股时长是否会通过下属共同体感知对结果变量产生整体的间接正向影响。从图 5-7 中可以看出领导的持股时长通过共同体感知影响结果变量包括三条路径：路径 a2（领导的持股时长到下属共同体感知：γ=0.023，p<0.01）、路径 b1（共同体感知到建言行为：γ=0.480，p<0.01）、路径 b2（共同体感知到幸福感：γ=0.372，p<0.01）、路径 b3（共同体感知到劳资合作：γ=0.477，p<0.01）。此外，我们进行了 Bootstrapping 分析（20000 replications），发现持股时长通过共同体感知对建言行为产生的间接影响（路径 a2×路径 b1）显著，不包括零（效应值=0.012，95%置信区间 [0.006，0.019]）；持股时长通过共同体感知对员工幸福感产生的间接影响（路径 a2×路径 b2）显著，不包括零（效应值=0.009，95%置信区间 [0.004，0.014]）；持股时长通过共同体感知对劳资合作产生的

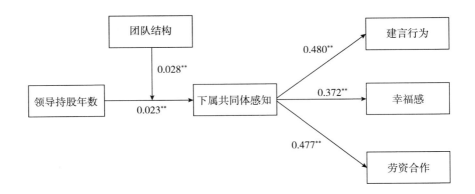

图 5-7 回归分析结果（非标准化系数）

间接影响（路径 a2×路径 b3）显著，不包括零（效应值＝0.012，95% 置信区间
［0.005，0.019］）。这些结果为共同体感知的中介作用提供了有力的支持。

接着检验团队结构是否调节了这些中介，即当团队结构趋向于有机结构时，
这些中介效应更强。我们进行了 Bootstrapping 分析（20000 replications），结果如
表 5-6 所示。

表 5-6　Bootstrapping 检验结果

团队结构	效应值	Bootstrap 95% 质性区间
领导持股年数→共同体感知→建言行为 路径 a2×路径 b1		
Low（M−1SD）	0.005	[−0.0009，0.014]
Mean	0.012†	[0.006，0.019]
High（M+1SD）	0.024†	[0.015，0.035]
Index of Difference（High−Low）	0.012†	[0.005，0.020]
领导持股年数→共同体感知→员工幸福感 路径 a2×路径 b2		
Low（M−1SD）	0.004	[−0.0009，0.009]
Mean	0.009†	[0.004，0.014]
High（M+1SD）	0.018†	[0.009，0.029]
Index of Difference（High−Low）	0.009†	[0.002，0.017]
领导持股年数→共同体感知→劳资合作 路径 a2×路径 b3		
Low（M−1SD）	0.005	[−0.001，0.013]
Mean	0.012†	[0.005，0.019]
High（M+1SD）	0.025†	[0.013，0.041]
Index of Difference（High−Low）	0.013†	[0.004，0.024]

注：† 表示 20000-Replication Bootstrapped confidence interval excluded zero。

首先，对路径 a2×路径 b1 进行检验。从表 5-6 中可以看出，当团队结构趋
向于有机结构时，持股时长通过共同体感知对建言行为产生的间接影响是显著
的，不包括 0（效应值＝0.024，95% 置信区间 ［0.015，0.035］）。当团队结构

趋向于机械结构时，持股时长通过共同体感知对建言行为产生的间接影响不显著。此外，我们还计算了这两种情况下的差异指数，发现这种差异产生的置信区间显著，不包括0（效应值＝0.012，95%置信区间［0.005，0.020］）。假设5-11得到验证。

其次，对路径a2×路径b2进行检验。从表5-6中可以看出，当团队结构趋向于有机结构时，持股时长通过共同体感知对员工幸福感产生的间接影响是显著的，不包括0（效应值＝0.018，95%置信区间［0.009，0.029］）。当团队结构趋向于机械结构时，持股时长通过共同体感知对员工幸福感产生的间接影响不显著。此外，我们还计算了这两种情况下的差异指数，发现这种差异产生的置信区间显著，不包括0（效应值＝0.009，95%置信区间［0.002，0.017］）。假设5-12得到验证。

最后，对路径a2×路径b3进行检验。从表5-6中可以看出，当团队结构趋向于有机结构时，持股时长通过共同体感知对劳资合作产生的间接影响是显著的，不包括0（效应值＝0.025，95%置信区间［0.013，0.041］）。当团队结构趋向于机械结构时，持股时长通过共同体感知对劳资合作产生的间接影响不显著。此外，我们还计算了这两种情况下的差异指数，发现这种差异产生的置信区间显著，不包括0（效应值＝0.013，95%置信区间［0.004，0.024］）。假设5-13得到验证。

表5-7总结了研究3中各假设得到数据支持的情况。

表5-7 研究3假设检验情况总结

研究假设	结果
假设5-1：团队领导持股与下属共同体感知呈正相关关系	√
假设5-2：团队领导持股时长与下属共同体感知呈正相关关系	√
假设5-3：团队领导持股与团队结构对共同体感知有显著交互效应。与机械式结构相比，在有机结构下，团队领导持股与下属共同体感知之间的正相关关系较强	√
假设5-4：团队领导持股时长与团队结构对共同体感知有显著交互效应。与机械式结构相比，在有机结构下，团队领导持股时长与下属共同体感知之间的正相关关系较强	√

研究假设	结果
假设 5-5：共同体感知与建言行为呈正相关关系	√
假设 5-6：共同体感知与员工幸福感呈正相关关系	√
假设 5-7：共同体感知与劳资合作呈正相关关系	√
假设 5-8：团队结构调节了领导客观所有权、下属共同体感知、建言行为之间的中介关系。在有机结构下，中介效应更明显	√
假设 5-9：团队结构调节了领导客观所有权、下属共同体感知、员工幸福感之间的中介关系。在有机结构下，中介效应更明显	√
假设 5-10：团队结构调节了领导客观所有权、下属共同体感知、劳资合作之间的中介关系。在有机结构下，中介效应更明显	√
假设 5-11：团队结构调节了领导持股时长、下属共同体感知、建言行为之间的中介关系。在有机结构下，中介效应更明显	√
假设 5-12：团队结构调节了领导持股时长、下属共同体感知、员工幸福感之间的中介关系。在有机结构下，中介效应更明显	√
假设 5-13：团队结构调节了领导持股时长、下属共同体感知、劳资合作之间的中介关系。在有机结构下，中介效应更明显	√

5.4　总结

研究 3 主要从团队层面研究了领导持股对下属共同体感知的影响，并进一步探索了共同体感知对员工行为和福祉的影响。从实证分析的结果来看，所有的假设都得到了验证。

首先，领导持股会对下属的共同体感知产生显著的正向影响，不仅是客观所有权对共同体感知会产生影响，持股时长也会对共同体感知产生影响，这也说明了持股对员工心理感知和态度的影响是持续深入的。

其次，领导持股通过影响下属共同体感知，从而促进员工的建言行为、员工幸福感和劳资合作。员工的建言行为可以促进组织绩效，劳资合作可以促进和谐劳动关系，员工幸福感则是个体追求的终极目标。由此可见，共同体感知的形成对员工和组织而言的确是"双赢"，而员工持股这一政策可以帮助达成这种"双赢"。

最后，团队结构会调节这一过程，相比于机械式的结构，在有机结构下，员工持股的正向影响会更大。因此，从这个角度而言，有机结构是更能够让员工持股政策发挥作用的一种团队结构。

第6章 结论与展望

6.1 研究结论

本书深入探讨了员工持股制度与企业—员工共同体之间的关系，并试图解答两个核心问题：首先，员工持股制度如何通过增强员工对企业共同体的认同感，进而促进员工与企业共同体的构建？其次，员工持股制度是否通过影响员工的共同体感知，进而对员工的行为和福祉产生积极影响？

在第3章中，研究1综合定性和定量研究，对企业共同体感知的概念进行了本土化，并开发了一个包含16个条目的，用于测量企业共同体感知的量表。在研究1的基础上，第4章的研究2构建了个体层面的理论模型，分析了员工持股制度对企业共同体建设的影响，并探讨其影响机制。进一步地，第5章的研究3构建了团队层面的理论模型，检验团队领导持股对团队成员企业共同体感知的影响，并进一步探讨其对员工行为和福祉的影响。

以下是对本书研究结论的总结：

第一，企业共同体感知的定义为：员工感觉与企业形成有机整体，具有共同身份、目标、情感和价值观。企业共同体感知的测量包含4个维度：身份共同、情感共同、目标共同、价值观共同。这一定义和测量维度既包含了原来西方理论下共同体感知的一些经典维度（成员资格、情感连接、共同体责任、心理安全等），又有其独特性。一方面，与 SOC 的经典四维度量表（Peterson et al., 2008）相比，新开发构念中身份共同中的利益一致、目标共同中的目标一致等维度，体现了工作场所的独特性；另一方面，与西方开发的工作场所共同体感知量表（Burroughs & Eby, 1998）相比，新开发构念中的情感共同中的氛围友好等维度，体现了中国文化背景下企业共同体感知的特点。

第二，员工持股会通过关系型心理契约对员工的企业共同体感知产生正向的影响。员工持股作为一种组织政策，属于组织信息，会对员工的心理契约产生影响（Rousseau, 1995），而根据现有的工作场所共同体感知框架理论，心理契约又会影响个体的共同体感知。因此，心理契约在员工持有股权与共同体感知之间起中介作用。同时，客观所有权与关注广泛的、长期的、社会情感型的交互关系的关系型心理契约更相关，尤其在中国强调奉献和忠诚的文化传统下，持股对共同体感知的影响主要通过关系型心理契约而不是交易型心理契约。

第三，心理所有权会调节持股对企业共同体感知的影响。当员工有较高的心理所有权时，员工拥有客观所有权更容易促进员工的关系型心理契约，从而导致更高的共同体感知。因为客观所有权作为组织传达的一种信息，其对员工心理契约的影响取决于员工对这种信息的解读：如果员工的心理所有权较低，就会将持股更多地看作一种物质激励；如果员工具有较高的心理所有权，就会将持股更多地看作非物质的、情感、关系方面的激励。因此，如果只关注客观的持股，而忽视对员工心理所有权的培养，就很容易将持股变成一种纯粹的物质激励手段。持股员工只有匹配同样的心理所有权时，才能促进关系型心理契约的实现，从而导致更强的共同体感知。

第四，团队领导持股会对下属的企业共同体感知产生正向影响。企业实施员工持股计划后，一方面持股的员工直接因为持股而影响其个人的企业共同体感知，另一方面很多没有机会持股的员工是通过团队领导持股对他们的影响产生企业共同体感知。这一结论扩大了员工持股在企业内的影响范围。

第五，团队领导持股会通过影响下属的共同体感知从而对员工的建言行为、员工幸福感和劳资合作产生正向影响。根据本书的企业共同体感知框架，企业共同体感知的结果分为以下三个方面：第一是将企业作为一种资源，可以满足员工的各种需求，从而提高员工的幸福感；第二是将企业作为一种责任，可以提高员工在组织中的参与，做出更多的亲组织行为；第三是将企业与员工视为一体，从而增强劳资合作的氛围。员工的建言行为可以促进组织绩效，劳资合作可以营造企业的和谐劳动关系氛围，员工幸福感则是个体追求的终极目标，由此可见，企业共同体感知的形成对员工和组织而言的确是"双赢"，而员工持股这一政策可以帮助达成这种"双赢"。

第六，团队结构会调节领导持股对团队下属的企业共同感知的影响，从而调节对建言行为、员工幸福感和劳资合作的影响。相比于机械式的结构，在有机结构下，领导持股的正向影响会更大。因此，从这个角度而言，有机结构是更能够让员工持股政策发挥作用的一种团队结构。

第七，持股时长也会通过对下属的企业共同体感知正向影响员工的建言行为、员工幸福感和劳资合作。之前有关员工持股的研究大多关注是否持股，而忽视了持股时间也会是一个很重要的影响因素。本书的研究发现持股时长的确会对持股的效果产生影响，由此可见，员工持股制度对员工和组织的影响是持续深入的。

6.2　理论意义

本书的研究通过概念量表开发、理论模型构建和实证研究，对员工持股和员工企业共同体的研究做出了重要补充。

6.2.1 共同体感知概念的本土化和量表开发

西方学者很早就提出了企业共同体的概念。然而，共同体的概念和结构嵌入在文化中，很有可能因为国家文化的不同而不同。目前企业共同体的量表都是在西方情境下开发的，其概念和题项的生成理论都是基于西方的现有文献，因此可能不能完全捕捉到中国文化背景下企业共同体感知的独特性和完整性，因此，中国文化背景下企业共同体感知的结构和测量有待于进一步研究。另外，目前专门测量企业共同体感知的只有 Burroughs 和 Eby（1998）开发的六维度量表，其他的量表都是测量广义的共同体感知，并没有专门针对企业这个独特的共同体对象，因此目前测量共同体感知的量表对企业/工作场所的特殊性考虑不足，有待于进一步研究。

因此，本书的研究在现有理论的基础上，探索和开发出中国语境下的"企业共同体感知"这一概念，将企业共同体感知定义为：员工感觉与企业形成有机整体，具有共同身份、目标、情感和价值观，并开发了科学的测量企业共同体感知的量表，弥补了这个构念至今没有中文测量工具的空白。

本书开发的企业共同体感知量表包含四个维度：身份共同、目标共同、情感共同、价值观共同。这与共同体感知的经典四维度量表（McMillian & Chavis，1986；Peterson et al.，2008；Nowell & Boyd，2014）以及企业共同体感知量表（Burroughs & Eby，1998）相比，既有不同之处也有相同之处。首先，本书的企业共同体感知量表里基本包含了原来的 SOC 的一些经典维度（成员资格、情感连接、共同体责任、心理安全等），身份共同里包含了原来的成员资格，目标共同里包含了原来的共同体责任，情感共同里包含了原来的情感连接和心理安全等。

其次，本书的企业共同体感知量表也有其独特性。一方面，与共同体感知的经典四维度量表（McMillian & Chavis，1986）相比，身份共同中的利益一致、目标共同中的目标一致等维度，体现了工作场所的独特性；另一方面，与的工作场所共同体感知量表（Burroughs & Eby，1998）相比，本书的企业共同体感知量表中，情感共同中的氛围友好等维度体现了中国文化背景下共同体感知的特点。中国文化强调"以和为贵"，因此，在中国，个体对共同体的氛围是十分关注的，员工感觉到企业的氛围是友好的、温暖的，让他有家的感觉，这就是员工企业共同体感知的重要组成部分。

之前，国外很多学者提出，管理学界对工作组织共同体的研究不足，值得学术界更多的关注（Pfeffer，2006），而国内管理学界对企业共同体的深入研究就更少了。本书构建的本土化的企业共同体感知概念和测量量表将会为国内学界研究企业共同体提供一个微观视角和基础。

6.2.2　建立员工企业共同体对劳动关系领域的研究拓展

之前劳动关系学界的关注点主要在工会与集体协商上，因为这是平衡劳资力量、协调劳动关系的一种重要方式。但是本书提出了另一种解决劳资矛盾的方式：从劳动关系的角度而言，企业共同体思想可能是解决劳资问题的更好方式。早在 20 世纪 30 年代大萧条时期，就有很多学者呼吁用企业共同体思想解决劳资矛盾。他们将"共同体"和"社会"的概念应用到工作场所。滕尼斯（1887）在社会学的层面上刻画了两种人类结合的关系形态：共同体与社会。"共同体"这种联系的特点是牢固的结构与归属感。与共同体完全相反，社会这种联系是由利益考量决定的。Hedemann（1945）认为，工会是一种"社会"的表达，而"共同体"则应该根植于企业内部。因此，工会和集体谈判并不能真正解决劳资问题，正如 Albrechat（1932）指出，"有组织的工人缺少合作诚意，不顾及整体需求和整体利益，脑子里有着根深蒂固的阶级斗争观念"。Briefs（1949）也认为，资本主义的后期发展导致工人倾向革命，而解决这一倾向的关键在于要让工人感觉工厂像家庭，工作是快乐的。因此，相比于工会与集体谈判，建立企业共同体应当是一种更好的缓和劳资矛盾的方式。本书研究 3 的结果发现共同体感知对劳资合作氛围有显著正向的影响，在一定程度上也证明了这一点。

另外，传统的劳动关系研究大多停留在分配领域，如工资集体协商等，而没有深入到生产领域和价值创造领域，从公司治理的角度分析了公司治理结构对劳动关系的重要影响。本书研究了员工持股，持股让员工不仅拥有了剩余索取权，还拥有了剩余控制权，实施员工持股计划的企业很多在公司治理结构上也发生了改变，使得员工不再仅仅是劳动者身份，也拥有了资本所有者的身份，有权利参与公司决策，这才是真正构建利益共同体、事业共同体、命运共同体、使命共同体的战略劳动关系的最高境界。本书通过实证研究探索了员工持股对共同体感知，从而对员工幸福感、建言、劳资合作等的影响作用，以期为劳动关系领域的研究提供一定的借鉴意义。

6.2.3 扩展了员工持股影响研究的研究视角

中外学界已经就员工持股对企业和个人的影响展开了大量的理论和实证研究，大部分研究从企业层次探讨员工持股对企业绩效、稳定性的影响（Cole & Mehrna，1998；Pugh & Jahera，2000）。还有一小部分研究从个体层次探讨员工持股对个人态度和行为的影响（Edmans，2011；Fang et al.，2015；Kornelakis，2018）。但是，现有的研究都忽视了从团队层面来研究员工持股的影响。在如今快速变化的社会中，企业越来越依赖团队来应对当今商业环境的复杂性（Ilgen et al.，2005），一项组织政策的落实也往往是通过团队来实现的（Cohen & Bailey，1997）。在过去的20年里，企业内团队的话题也激发了大量的学术研究，但是有关团队层面员工持股的效果的研究仍是空白的。

因此，本书不仅从个体层面研究员工持有股权对个体共同体感知的影响，还从团队层面研究团队领导持有股权对团队成员共同体感知的影响，以及对团队成员行为和福祉的影响。因为我国的员工持股计划与美国的员工持股计划存在本质的区别，并不是真正意义上的全员持股，很多最基层的员工并没有持股的机会，大部分持股的人是中基层领导，因此研究团队领导持有股权后如何影响团队成员也更有意义。

本书还探究了持股时长对共同体感知，以及对员工的建言行为、员工幸福感和劳资合作产生的影响。之前有关员工持股的研究大多关注是否持股，而忽视了持股时间也会是一个很重要的影响因素，这也是对员工持股研究进行了进一步的补充。

6.2.4　构建了新的企业共同体研究框架，分析了员工持股计划对员工建言行为、员工幸福感和劳资合作的影响机制

基于前人的研究基础（Nowell & Boyd，2010；McMillan，2011），并结合本书对企业共同体感知的全新的定义和结构，本书构建了新的企业共同体感知框架。

首先，当员工有企业共同体感知时，企业就可以作为提供满足员工关键的生理需求和心理需求的资源，在这种情况下，共同体感知应当与个人福祉（Personal Well-being）呈正相关。之前的研究也验证了这一观点，如学者们发现共同体感知可以预测幸福感等结果（Davidson & Cotter，1991；Pretty et al.，1996；Prezza & Pacilli，2007；Peterson et al.，2008）。

其次，当员工有企业共同体感知时，就会激发员工对企业福祉的责任感，即一种保护或提高企业整体以及其他员工福利的责任。它强调的是对企业的责任感，而不是个人从企业中得到什么。在这种情况下，共同体感知会增加个体的参与，并使得员工做出更多的亲组织行为（Nowell & Boyd，2010，2014；Boyd & Nowell，2014）。

最后，共同体感知还代表了一种互动的态度，由于员工将企业视为共同体，因此不存在根本的利益冲突，在互动过程中就会采取合作的态度，即使遇到冲突也会采取合作的解决方式。在这种情况下，共同体感知会塑造良好的劳资合作氛围。

在构建的新的企业共同体感知框架基础上，本书分析了团队领导持股对下属共同体感知的影响，并进一步检验了其对员工建言行为、员工幸福感和劳资合作

的影响。结果发现团队领导持股会通过提高下属的共同体感知从而对员工的建言行为、员工幸福感和劳资合作产生正向影响。这为之后企业共同体感知的研究奠定了一定的理论基础。

6.2.5　对员工持股计划实施效果的边界条件的探索

之前对员工持股计划实施效果的矛盾研究结果表明，员工持股实施的效果是受到很多因素影响的。之前的学者已经发现了一些调节变量，其中最重要的两个就是决策参与程度和公平性。在此前的一项研究中，General Accounting Office（GAO，1985）表明，尽管所有权本身对组织绩效影响很小，但所有权与员工参与结合起来似乎可以提高组织的绩效。Kardas（1997）发现，在将员工持股和员工参与决策相结合的组织中，就业和销售增长率更高。因此员工参与决策似乎是影响员工持股实施效果的一个重要因素。另外，员工持股计划实施的公平性对于员工建立对持股计划的信任非常重要，而薪酬满意度、工作满意度、对组织的满意度和组织忠诚度等变量，都与员工在组织中感知到的政策和程序的公平程度有关（Tremblay et al.，1998）。因此员工持股计划的公平性也是影响员工持股实施效果的一个重要因素。

本书对员工持股实施效果的边界条件也进行了进一步的探索。

首先，本书发现了心理所有权在持股影响员工共同体感知中的调节作用。之前员工持股的研究中都是把心理所有权作为中介机制，忽视了心理所有权其实是独立于客观所有权而存在的，只有达到客观所有权与心理所有权的匹配才能更好地促进员工共同体感知的形成。这也是对员工持股理论的补充和完善。

其次，本书发现团队结构在领导持股影响下属共同体感知和结果中的调节作用，发现有机结构是更能够让员工持股政策发挥作用的一种团队结构，这是对员工持股实施效果研究领域的一大理论补充。

6.3　实践意义

本书的研究对企业管理实践有一定的启示意义。

6.3.1　在实践中注重建设员工—企业共同体

从本书的研究结果可以看出，建立共同体意识是促进员工建言行为、员工幸福感和劳资合作的关键。共同体感知一旦形成，员工即将组织与个人利益结合，为组织利益更多地付出。在中国"集体主义"的文化背景下，构建员工与企业的共同体，培养员工的共同体感知，符合中国的文化和价值观，应当得到企业的充分重视和实践探索。

6.3.2　注重对员工心理所有权的培养

本书的研究 2 发现了心理所有权在持股影响员工共同体感知中的调节作用，这也为企业如何更好地发挥持股的作用提供了参考。在实施持股计划时，除了关注客观所有权，还要关注培养员工的心理所有权。培养员工心理所有权有三个主要途径：控制、亲密了解、个人投入（Pierce et al., 2001）。因此，企业可以有更多的信息公开，让员工对企业的战略目标、发展情况有更多的了解，员工对企业亲密了解的程度越高，心理所有权就越强。另外，企业还可以让员工有更多的参与，因为个体对一个目标的投入越多，他对其的心理所有权就越强烈。

6.3.3 注重团队结构的优化

本书的研究 3 发现团队结构对持股的影响有重要调节作用，这也从另一个角度为企业如何更好地发挥持股的作用提供了参考。相比于机械式的结构，在有机结构下，员工持股制度的正向影响会更大。因此，从这个角度而言，有机结构是更能够让员工持股政策发挥作用的一种团队结构。企业在实施员工持股计划时，为了获得更好的实施效果，可以考虑团队结构的优化。

6.4 研究的局限性

本书的研究也存在一些局限和不足之处。

第一，在研究设计方面，本书研究的数据都是横截面数据，因此不能真正推断变量之间的因果关系。针对此，未来的研究可以采用纵向研究设计，在企业实施员工持股计划前和实施后分别收集员工的共同体感知等数据。另外，研究 3 的样本只来自一个实施员工持股计划的集团，因此研究结果代表性方面可能存在不足。

第二，本书的研究虽然通过有效的实证研究证实了员工持股通过影响个体的心理契约从而影响了个体的共同体感知，但是这一中介机制还不能完全解释员工持股对个体共同体感知的影响，因为其中可能存在很多影响路径。以后的研究可以通过质性研究的方法对其中的影响机制进行更深入的研究。

第三，本书的研究只关注了员工持股对个体层面结果变量的影响，而没有考虑员工持股如何通过共同体感知影响企业层面的结果变量，如企业绩效等，因此所得出的结论对实践的启示有限。针对此，未来的研究可以收集企业层面的数据，进一步探究企业层面员工持股与共同体感知的研究模型。在企业层面，企业发展状态也许会是一个重要的边界条件，因为员工持股也许并不是适合每一个企业的，在发展趋势不好的企业中实施员工持股计划，也许会起到负面的作用。

第四，研究 3 中的一个结果变量——劳资合作，是劳动关系氛围的一个子维度，虽然有很多学者认为劳动关系氛围可以是个体层面的变量，但是如果能够从企业层面对其进行测量，会更有意义。本书的研究是个体层面的研究，因此只是在个体层面对劳资合作氛围的感知进行了测量，未来的研究可以搜集企业层面的样本，分析共同体感知对企业层面劳资合作氛围的影响，这样对劳动关系的研究而言更有实践意义。

第五，本书的研究将员工持股作为一个整体进行研究，但是员工持股计划有非常多的形式和类型，尤其是在中国，其形式更为多变。有员工直接持股、工会持股、信托持股等，不同的持股形式所产生的效果有可能是不一样的。为了更深入地了解中国员工持股计划对员工和企业的影响，需要对员工持股计划本身进行更为深入的研究。

6.5 未来研究展望

本书的研究分析检验了中国情境下，员工持股对共同体感知、建言行为、员工幸福感和劳资合作的影响。未来的研究可以从以下方面进行：

第一，可以考察团队领导持股对西方文化背景下团队成员的影响。由于我们的分析和研究都在中国进行，这些发现可能仅仅反映了中国人的认知和行为。因此，未来研究可以关注西方背景下团队领导持股是否仍然对团队成员有利。同样地，研究者可以进行跨文化的研究，发现西方和中国的区别。

第二，未来可以研究员工持股和共同体感知对其他后果的影响。企业面对环境变化的重要应对措施包括创新。员工持股如何影响员工的创新等相关变量，这些影响在什么情境下更显著是值得关注的。除此之外，还可以研究员工持股对离职倾向、无私行为等其他结果的影响。

第三，尽管本书的研究发现，团队领导者持股可以通过提高团队成员的共同体感知从而促进建言行为、员工幸福感和劳资合作，未来的研究可以寻找更多可能的中介机制。

第四，受限于样本量和研究条件，量表所包含的共同体感知的题目可能并不全面，未来的研究可以测试在不同情境、不同测量方式下这一量表的稳定性。除此之外，还可以进行更多的调查并对量表进行补充或改进，可以包括更多的维度或题目。

第五，本书的研究发现了员工持股实施计划中的两个调节变量：心理所有权和团队结构，未来的研究可以进一步探索影响员工持股计划实施效果的因素。例如，员工持股计划实施的公平性、持股方式、员工参与等，对这些调节变量的研究有助于企业实践者更好地实施员工持股计划。

总而言之，本书的研究对企业共同体感知概念进行了本土化，并分析了员工持股通过共同体感知对员工行为和福祉的影响，为后续对员工企业共同体的深入研究奠定了基础。但作为一个较新的概念，员工企业共同体仍有待进一步的理论深化与实证检验。

参考文献

［1］ Ackoff, R. L. *Creating the corporate future*. New York, NY: Wiley, 1981.

［2］ Aggarwal, U. , & Bhargava, S. Exploring psychological contract contents in India: The employee and employer perspective. *Journal of Indian Business Research*, 2009, 1 (4): 238-251.

［3］ Alderfer, C. P. An empirical test of a new theory of human needs. *Organizational Behavior and Human Performance*, 1969, 4 (2): 142-175.

［4］ Allen, N. J. & Meyer, J. P. The measurement and antecedents of affective, continuance and normative commitment to the organization. *Journal of Occupational Psychology*, 1990 (63): 1-18.

［5］ Ambrose, M. L. , & Kulik, C. T. Old friends, new faces: Motivation research in the 1990s. *Journal of management*, 1999, 25 (3): 231-292.

［6］ Ambrose, M. L. , & Schminke, M. Organization structure as a moderator of the relationship between procedural justice, interactional justice, perceived organizational support, and supervisory trust. *Journal of Applied Psychology*, 2003 (88): 295-305.

［7］ Ambrose, M. L. , Schminke, M. , & Mayer, D. M. Trickle-down effects of supervisor perceptions of interactional justice: A moderated mediation approach. *Journal of Applied Psychology*, 2013 (98): 678-689.

［8］ Anderson, N. , & Schalk, R. The psychological contract in retrospect and prospect. *Journal of Organizational Behavior*, 1998 (19): 637-647.

[9] Argyris, C. *Personality and organization: The conflict between system and the individual.* New York, NY: Harper & Row, 1957.

[10] Argyris, C. *Understanding organizational behavior.* Homewood, FL: The Dorsey Press, 1960.

[11] Argyris, C. *Integrating the individual and the organization.* New York, NY: Wiley, 1964.

[12] Aryee, S., Chen, Z. X., Sun, L., & Debrah, Y. A. Antecedents and outcomes of abusive supervision: Test of a trickle-down model. *Journal of Applied Psychology*, 2007 (92): 191-201.

[13] Baltes, B. B., Zhdanova, L. S. and Parker, C. P. Psychological climate: A comparison of organizational and individual level referents. *Human Relations*, 2009, 62 (5): 669-700.

[14] Bandura, A. *Social learning theory.* New York: General Learning Press, 1977.

[15] Bandura, A. *Social foundations of thought and action: A social cognitive theory.* Englewood Cliffs, NJ: Prentice Hall, 1986.

[16] Bangun, N., Tjakrawala, F. K., Andani, K. W., & Santioso, L. The effect of financial leverage, employee stock ownership program and firm size on firm performance of companies listed in Indonesia Stock Exchange. *International Business and Accounting Research Journal*, 2017, 1 (2): 82-98.

[17] Barney, J. Firm resources and sustained competitive advantage. *Journal of Management*, 1991, 17 (1): 99-120.

[18] Beal, D., Cohen, R., Burke, M., & McLendon, C. Cohesion and performance in groups: A meta-analytic clarification of construct relations. *Journal of Applied Psychology*, 2003 (88): 989-1004.

[19] Biron, M., Farndale, E., & Paauwe, J. Performance management effec-

tiveness: Lessons from world-leading firms. *The International Journal of Human Resource Management*, 2011 (22): 1294-1311.

[20] Biswas-Diener, R., Kashdan, T. B., & King, L. A. Two traditions of happiness research, not two distinct types of happiness. *The Journal of Positive Psychology*, 2009, 4 (3): 208-211.

[21] Blasi, J. R. *Employee ownership: Revolution or ripoff?* Cambridge, MA: Ballinger, 1988.

[22] Blasi, J., Conte, M., & Kruse, D. Employee stock ownership and corporate performance among public companies. *ILR Review*, 1996, 50 (1): 60-79.

[23] Blasi, J., Freeman, R., & Kruse, D. Do broad-based employee ownership, profit sharing and stock options help the best firms do even better? *British Journal of Industrial Relations*, 2016, 54 (1): 55-82.

[24] Blau, P. *Exchange and power in social life.* New York: Wiley, 1964.

[25] Blyton, P., Dastmalchian, A., & Adamson, R. Developing the concept of industrial relations climate. *Journal of industrial relations*, 1987, 29 (2): 207-216.

[26] Bordia, P., Restubog, S. L. D., Bordia, S., & Tang, R. L. Breach begets breach: Trickle-down effects of psychological contract breach on customer service. *Journal of Management*, 2010 (36): 1578-1607.

[27] Boyd, N. M. A 10-year retrospective of organization studies in community psychology: Content, theory, and impact. *Journal of Community Psychology*, 2014 (42): 237-254.

[28] Boyd, N. M., & Angelique, H. Resuming the dialogue on organization studies and community psychology: An introduction to the special issue. *Journal of Community Psychology*, 2007, 35 (3): 281-285.

[29] Boyd, N. M., & Nowell, B. Psychological sense of community: A new construct for the field of management. *Journal of Management Inquiry*, 2014 (23):

107-122.

[30] Boyd, N. M., & Nowell, B. Testing a theory of sense community and community responsibility in organizations: An empirical assessment of predictive capacity on employee well-being and organizational citizenship. *Journal of Community Psychology*, 2017 (45): 210-229.

[31] Boyd, N. M., & Nowell, B. Community at work: Sensing community through needs fulfillment and responsibility. *Handbook of community movements and local organizations in the 21st century*. Springer, Cham, 2018: 25-39.

[32] Brislin, R. W. Cross-cultural research methods. In *Environment and culture*. Springer, US, 1980: 47-82.

[33] Bryson, A. Union effects on employee relations in Britain. *Human Relations*, 2005, 58 (9): 1111-39.

[34] Budd, J. W., Gollan, P. J., & Wilkinson, A. New approaches to employee voice and participation in organizations. *Human Relations*, 2010 (63): 303-310.

[35] Bullock, R. J., & Lawler, E. E. Gainsharing: A few questions, and fewer answers. *Human Resource Management*, 1984, 23 (1): 23-40.

[36] Burns, T., & Stalker, G. M. *The management of innovation*. London, UK: Tavistock, 1961.

[37] Burrell, G., & Morgan, G. *Sociological paradigms and organisational analysis: Elements of the sociology of corporate life*. Exeter, NH: Heinemann, 1979.

[38] Burris E. R., Detert J. R., & Chiaburu D. S. Quitting before leaving: The mediating effects of psychological attachment and detachment on voice. *Journal of Applied Psychology*, 2008 (93): 912-922.

[39] Burris E. R. The risks and rewards of speaking up: Managerial responses to employee voice. *Academy of Management Journal*, 2012 (55): 851-875.

[40] Burroughs, S. M., & Eby, L. T. Psychological sense of community at

work: A measurement system and explanatory framework. *Journal of Community Psychology*, 1998 (26): 509-532.

[41] Buttigieg, D., & Gahan, P. "The Glue that Binds": Workplace climate, human resource systems and performance. In M. Baird, R. Cooper and M. Westcott (eds.), *Reworking Work: Proceedings of the 19th Annual AIRAANZ Conference*. Sydney: University of Sydney, 2005.

[42] Byun, G. *The antecedents and consequences of empowering leadership: A test of trickle-down effects*. Unpublished doctoral dissertation, Southern Illinois University, Carbondale, 2016.

[43] Campbell, J. P., Dunnette, M. D., Lawler, E. E., & Weick, K. E. *Managerial behavior, performance, and effectiveness*. New York, NY: McGraw-Hill, 1970.

[44] Carmeli, A. The link between organizational elements, perceived external prestige and performance. *Corporate Reputation Review*, 1970, 6 (4): 314-331.

[45] Carron, A. V. Cohesiveness in sport groups: Interpretations and considerations. *Journal of Sport Psychology*, 1982 (4): 123-138.

[46] Chavis, D. M., & Wandersman, A. Sense of community in the urban environment: A catalyst for participation and community development. *American Journal of Community Psychology*, 1990 (18): 55-81.

[47] Chioneso, N. A. Organizational engagement: Exploring world view, psychological sense of community, and organizational identification within a relational community. *Dissertation Abstracts International: Section B: The Sciences and Engineering*, 2004, 65 (6): 3220.

[48] Chipuer, H. M., & Pretty, G. M. H. A review of the sense of community index: Current uses, factor structure, reliability, and further development. *Journal of Community Psychology*, 1999, 27 (6): 643-658.

[49] Chiu, W. C. K., Huang, X., & Lu, H. L. When Marx borrows from

Smith: the ESOP in China. *Journal of Contemporary China*, 2005, 14（45）: 761-772.

［50］Cicognani, E., Palestini, L., Albanesi, C., & Zani, B. Social identification and sense of community among members of a cooperative company: The role of perceived organizational values. *Journal of Applied Social Psychology*, 2012（42）: 1088-1113.

［51］Clarke, S., & Ward, K. The role of leader influence tactics and safety climate in engaging employees' safety participation. *Risk Analysis*, 2006（26）: 1175-1185.

［52］Cohen, A. Commitment before and after: An evaluation and reconceptualization of organizational commitment. *Human Resource Management Review*, 2007（17）: 336-354.

［53］Cohen, S. G., & Bailey, D. E. What makes teams work: Group effectiveness research from the shop floor to the executive suite. *Journal of Management*, 1997, 23（3）: 239-290.

［54］Cole, R. A., & Mehran, H. The effect of changes in ownership structure on performance: Evidence from the thrift industry. *Journal of Financial Economics*, 1998, 50（3）: 291-317.

［55］Collins, D. How and why participatory Management improves a company's Social Performance. *Business & Society*, 1996, 35（2）: 176-101.

［56］Conte, M. A., & Svejnar, J. Productivity effects of worker participation in management, profitsharing, worker ownership of assets and unionization in US firms. *International Journal of Industrial Organization*, 1988, 6（1）: 139-151.

［57］Conte, M., & Tannenbaum, A. S. Employee-owned companies: Is the difference measurable. *Monthly Lab. Rev.*, 1978（101）: 23.

［58］Dastmalchian, A., Blyton, P., & Adamson, R. Industrial relations climate: Testing a construct. *Journal of Occupational Psychology*, 1989, 62（1）: 21-32.

[59] Davidson, W. B. , & Cotter, P. R. The relationship between sense of community and subjective well‑being: A first look. *Journal of Community Psychology*, 1991 (19): 246-253.

[60] Davidson, W. B. , Cotter, P. R. , & Stovall, J. G. Social predispositions for the development of sense of community. *Psychological Reports*, 1991 (68): 817-818.

[61] Deci, E. L. The history of motivation in psychology and its relevance for management. In E. L. Deci, & V. H. Vroom (Eds.), *Management and motivation: Selected readings*. London, UK: Penguin, 1992: 9-29.

[62] Deci, E. L. , & Ryan, R. M. The empirical exploration of intrinsic motivational processes. *Advances in experimental social psychology*. Academic Press, 1980 (13): 39-80.

[63] Deery, S. J. and Iverson, R. D. Labour‑management cooperation and its impact on organizational performance. *Industrial and Labor Relations Review*, 2005, 58 (4): 588-610.

[64] DeGroot, T. , & Brownlee, A. L. Effect of department structure on the organizational citizenship behavior‑department effectiveness relationship. *Journal of Business Research*, 2006 (59): 1116-1123.

[65] Den, Hond, F. & De, Bakker, F. Ideologically motivated activism: How activist groups influence corporate social change activities. *Academy of Management Review*, 2007, 32 (3): 901-924.

[66] Detert J. R. , & Burris E. R. Leadership behavior and employee voice: Is the door really open? *Academy of Management Journal*, 2007 (50): 869-884.

[67] Detert J. R. , & Edmondson A. C. Implicit voice theories: Taken‑for‑granted rules of self‑censorship at work. *Academy of Management Journal*, 2011 (54): 461-488.

[68] Detert, I. R. , & Treviño, L. K. Speaking up to higher ups: How supervi-

sors and skip - level leaders influence employee voice. *Organization Science*, 2010 (21): 249-270.

[69] DeVellis, R. F. *Scale development: Theory and applications* (2nd ed). Thousand Oaks, CA: Sage Publications, 2003.

[70] Diener, E., Lucas, R. E., & Scollon, C. N. Beyond the hedonic treadmill: Revising the adaptation theory of well-being. *American Psychologist*, 2006, 61 (4): 305.

[71] Dimotakis, N., Davison, R. B., & Hollenbeck, J. R. Team structure and regulatory focus: The impact of regulatory fit on team dynamic. *Journal of Applied Psychology*, 2012 (97): 421-434.

[72] Drucker, P. F. *The effective executive.* New York, NY: Harper and Row, 1966.

[73] Drucker, P. F. The new society of organizations. *Harvard Business Review*, 1992, 70 (5): 95-105.

[74] Dundon, T., Wilkinson, A., Marchington, M., & Ackers, P. The Meanings and Purpose of Employee Voice. *The International Journal of Human Resource Management*, 2004, 15 (6): 1149-1170.

[75] Eagly, A. H., & Johnson, B. T. *Gender and leadership style: A meta-analysis.* CHIP Documents. (Paper 11). Retrieved from http://digitalcommons. uconn. edu/chip_docs/11, 1990.

[76] Edmans, A. Does the stock market fully value intangibles? Employee satisfaction and equity prices. *Journal of Financial economics*, 2011, 101 (3): 621-640.

[77] Edwards, J. R., & Lambert, L. S. Methods for integrating moderation and mediation: A general analytical framework using moderated path analysis. *Psychological Methods*, 2007, 12 (1): 1.

[78] Erdogan, B., & Enders, J. Support from the top: Supervisors' perceived organizational support as a moderator of leader-member exchange to satisfaction and per-

formance relationships. *Journal of Applied Psychology*, 2007 (92): 321-330.

[79] Etzioni, A. The socio-economics of property. *Journal of Social Behavior and Personality*, 1991 (6): 465-468.

[80] Fang, H., Nofsinger, J. R., & Quan, J. The effects of employee stock option plans on operating performance in Chinese firms. *Journal of Banking & Finance*, 2015 (54): 141-159.

[81] Faraj, S., & Sproull, L. Coordinating expertise in software development teams. *Management Science*, 2000, 46 (12): 1554-1568.

[82] Farh CIC, Chen Z. Beyond the individual victim: Multilevel consequences of abusive supervision in teams. *Journal of Applied Psychology*, 2014 (99): 1074-1095.

[83] Farrel, S., Aubry, T., & Coulombe, D. Neighborhoods and neighbors: Do they contribute to personal well-being? *Journal of Community Psychology*, 2004 (32): 9-25.

[84] Farrell D. Exit, voice, loyalty, and neglect as responses to job satisfaction: A multidimensional scaling study. *Academy of Management Journal*, 1983 (26): 596-607.

[85] Folger, R., Ford, R. C., Bardes, M., & Dickson, D. Triangle model of fairness: Investigating spillovers and reciprocal transfers. *Journal of Service Management*, 2010 (21): 515-530.

[86] Foulk, T., Woolum, A., & Erez, A. Catching rudeness is like catching a cold: The contagion effects of lowintensity negative behaviors. *Journal of Applied Psychology*, 2016 (101): 50-67.

[87] Frazier ML, Fainshmidt S. Voice climate, work outcomes, and the mediating role of psychological empowerment: A multilevel examination. *Group & Organization Management*, 2012 (37): 691-715.

[88] Freese, C. & Schalk, R. How to measure the psychological contract? A

critical criteria-based review of measures. *South African Journal of Psychology*, 2008 (38): 269-286.

[89] French, J. L., & Rosenstein, J. Employee ownership work attitudes, and power relationships. *Academy of Management Journal*, 1984, 27 (4): 861-869.

[90] French, J. R. P., & Kahn, R. L. A programmatic approach to studying the industrial environment and mental health. *Journal of Social Issues*, 1962 (18): 1-47.

[91] Freud, S. *An outline of psychoanalysis*. New York, NY: Norton, 1949.

[92] Freud, S. The resistances to psycho-analysis. In A. E. Jones (Ed.), *The collected papers of Sigmund Freud*, *volume V* (J. Riviere Trans.). New York, NY: Basic Books, 1959: 163-174.

[93] Fulmer, C. A., & Ostroff, C. Trust in direct leaders and top leaders: A trickle-up model. *Journal of Applied Psychology*, 2017 (102): 648-657.

[94] Furby, L. The origins and early development of possessive behavior. *Political Psychology*, 1980, 2 (1): 30-42.

[95] Gao LP, Janssen O, Shi K. Leader trust and employee voice: The moderating role of empowering leader behaviors. *Leadership Quarterly*, 2011 (22): 787-798.

[96] General Accounting Office. Report to the honorable Russell B. *Long United State Senate: Initial results of a Survey on Employee Stock Ownership Plans and information on related economic trends*. GAO: Gaithersburg, MD, 1985.

[97] George J. M., Zhou J. When openness to experience and conscientiousness are related to creative behavior: An interactional approach. *Journal of Applied Psychology*, 2001 (86): 513-524.

[98] Ginglinger, E., Megginson, W., & Waxin, T. Employee ownership, board representation, and corporate financial policies. *Journal of Corporate Finance*, 2011, 17 (4): 868-887.

[99] Godard, J. and Delaney, J. T. Reflections on the "high performance" paradigm's implications for industrial relations as a field. *Industrial and Labor Relations Re-*

view, 2000, 53 (3): 482-502.

[100] Gonçalves, S. P., & Neves, J. The Link between Perceptions of Human Resource Management Practices and Employee Well-being at Work. *Advances in Psychology Study*, 2012, 1 (1): 31-38.

[101] Gratton, L., & Erickson, T. J. 8 ways to build collaborative teams. *Harvard Business Review*, 2007, 85 (11): 100-109.

[102] Greenberg, E. S. Participation in industrial decision making and worker satisfaction: The case of producer cooperatives. *Social Science Quarterly*, 1980 (60): 551-569.

[103] Greene, R. J. The role of employee ownership in the total rewards strategy. *Compensation & Benefits Review*, 2014, 46 (1): 6-9.

[104] Greenfield, E., & Marks, N. Sense of community as a protective factor against long-term psychological effects of childhood violence. *Social Services Review*, 2010 (84): 129-147.

[105] Gross, B. The new math of ownership. *Harvard Business Review*. 1998, 76 (6): 68-74.

[106] Guest, D. E. The Psychology of the employment relationship: An analysis based on the psychological contract. *Applied Psychology: An International Review*, 2004, 53 (4): 541-555.

[107] Hackman, J. R., & Lawler, E. E. Employee reactions to job characteristics. *Journal of Applied Psychology*, 1971, 55 (3): 259-286.

[108] Hammer, T. H., Currall, S. C. and Stern, R. N. Worker representation on boards of directors: A study of competing roles. *Industrial and Labor Relations Review*, 1991, 44 (4): 661-680.

[109] Hammer, T., & Stem R. N. Employee ownership: Implication for the organizational distribution of power. *Academy of Management Journal*, 1980 (23): 78-100.

［110］Hayes, A. F. *Introduction to mediation, moderation, and conditional process analysis: A regression based approach*. New York: Guilford Press, 2013.

［111］Headey, B. (2010) . The set point theory of well – being has serious flaws: On the eve of a scientific revolution? *Social Indicators Research*, 2010, 97 (1): 7-21.

［112］Heinen, J. S. , & Bancroft, E. S. Performance ownership: A roadmap to a compelling employment brand. *Compensation & Benefits Review*, 2000, 32 (1): 65-71.

［113］Heller, K. The return to community. *American Journal of Community Psychology*, 1989 (17): 1-15.

［114］Herzberg, F. , Mausner, B. , & Snyderman, B. B. *The motivation to work*. New York: Wiley, 1959.

［115］Hinkin, T. R. A brief tutorial on the development of measures for use in survey questionnaires. *Organizational research Methods*, 1998, 1 (1): 104-121.

［116］Hirschman, A. O. *Exit, voice, and loyalty: Responses to decline in firms, organizations, and states*. Cambridge, MA: Harvard University Press, 1970.

［117］Hirst, G. , Walumbwa, F. , Aryee, S. , Butarbutar, I. , & Chen, C. J. H. A multi-level investigation of authentic leadership as an antecedent of helping behavior. *Journal of Business Ethics*, 2016 (139): 485-499.

［118］Hoobler, J. , & Brass, D. Abusive supervision and family undermining as displaced aggression. *Journal of Applied Psychology*, 2006 (91): 1125-1133.

［119］Huszczo, G. E. and Hoyer, D. T. Factors involved in constructive union – management relationships. *Human Relations*, 1994, 47 (7): 847-867.

［120］Iacobucci, D. , Schneider, M. J. , Popovich, D. L. , & Bakamitsos, G. A. Mean centering helps alleviate "micro" but not "macro" multicollinearity. *Behavior research methods*, 2016, 48 (4): 1308-1317.

［121］Ilgen, D. R. , Hollenbeck, J. R. , Johnson, M. , & Jundt, D. Teams in organizations: From input-process-output models to IMOI models. *Annu. Rev. Psychol.*, 2005 (56): 517-543.

[122] Iverson, R. D., Buttigieg, D. M. & Maguire, C. Absence culture: The effects of union membership status and union-management climate. *Relations Industrielles*, 2003, 58 (3): 483-514.

[123] Janssens, M., Sels, L., & Van, d. B. Multiple types of psychological contracts: A six-cluster solution. *Human Relations*, 2003, 56 (11): 1349-1378.

[124] Jason, L., Stevens, E., Ram, D., Miller, S., Beasley, C., & Gleason, K. Theories in the field of community psychology. *Global Journal of Community Psychology Practice*, 2016, 7 (2): 1-27.

[125] Johnson, W. R., and G. J. Johnson. The effects of equity perceptions on unions and company commitment. *Journal of Collective Negotiations in the Public Sector*, 1991 (20): 235-244.

[126] Judge, T. A., & Bono, J. E. Relationship of core self - evaluations traits—Self-esteem, generalized self-efficacy, locus of control, and emotional stability—With job satisfaction and job performance: A meta-analysis. *Journal of Applied Psychology*, 2001 (86): 80-92.

[127] Judge, T. A., Locke, E. A., Durham, C. C., & Kluger, A. N. Dispositional effects on job and life satisfaction: The role of core evaluations. *Journal of Applied Psychology*, 1998 (83): 17-34.

[128] Kanfer R, Ackerman PL. Motivation and cognitive abilities: An integrative/aptitude-treatment interaction approach to skill acquisition. *Journal of Applied Psychology*, 1989 (74): 657-690.

[129] Kang, D. L., & Sørensen, A. B. Ownership organization and firm performance. *Annual Review of Sociology*, 1999, 25 (1): 121-144.

[130] Kanten, P., & Ulker, F. A relational approach among perceived organizational support, proactive personality and voice behavior. *Social and Behavioral Sci-*

ences, 2012 (62): 1016-1022.

[131] Kardas, P. *Comparing Growth Rates in Employee Ownership Companies to Their Participatory Competitors: A Supplement to Employment and Sales Growth in Washington State Employee Ownership Companies, a Comparative Analysis*. Washington State Department of Community Development, 1994.

[132] Katz, H. C., Kochan, T. A. and Gobeille, K. R. Industrial relations performance, economic performance and QWL programs: An interplant analysis. *Industrial and Labor Relations Review*, 1983, 37 (1): 3-17.

[133] Kersley, B., Alpin, C., Forth, J., Bryson, A., Bewley, H., Dix, G., & Oxenbridge, S. *Inside the workplace: First findings from the* 2004 *workplace Employment relations survey*. London and New York: Routledge, 2006.

[134] Keyes, C. L., Shmotkin, D., & Ryff, C. D. Optimizing well-being: The empirical encounter of two traditions. *Journal of Personality and Social Psychology*, 2002, 82 (6): 1007-1022.

[135] Khandwalla, P. N. Some top management styles, their context and performance. *Organization and Administrative Sciences*, 1976/1977 (7): 21-51.

[136] Kim, K. Y., & Patel, P. C. Employee ownership and firm performance: A variance decomposition analysis of European firms. *Journal of Business Research*, 2017 (70): 248-254.

[137] Klein, H. J., Molloy, J. C., & Brinsfield, C. T. Reconceptualizing workplace commitment to redress a stretched construct: Revisiting assumptions and removing confounds. *Academy of Management Review*, 2012 (37): 130-151.

[138] Klein, K. J. Employee stock ownership and employee attitudes: A test of three models. *Journal of applied psychology*, 1987, 72 (2): 319.

[139] Klein, K. J., & D'Aunno, T. A. Psychological sense of community in the workplace. *Journal of Community Psychology*, 1986 (14): 365-377.

[140] Klein, K. J., & Hall, R. J. Correlates of employee satisfaction with stock

ownership: Who likes an ESOP most? *Journal of Applied Psychology*, 1988, 73 (4): 630.

[141] Kolk, A., Vock, M., & Dolen, W. Microfoundations of partnerships: Exploring the role of employees in trickle effects. *Journal of Business Ethics*, 2016 (135): 19-34.

[142] Kornelakis, A. Why are your reward strategies not working? The role of shareholder value, country context, and employee voice. *Business Horizons*, 2018, 61 (1): 107-113.

[143] Kruse, D. Research evidence on prevalence and effects of employee owner-ship. *Journal of Employee Ownership Law and Finance*, 2002, 14 (4): 65-90.

[144] Kumbhakar, S. C., & Dunbar, A. E. The elusive ESOP - Productivity link: Evidence from US firm-level data. *Journal of Public Economics*, 1993, 52 (2): 273-283.

[145] Lambert, S. J., & Hopkins, K. Occupational conditions and workers' sense of community: Variations by gender and race. *American Journal of Community Psychology*, 1995, 23 (2): 151-179.

[146] Lampinen, M., Viitanen, E. A., & Konu, A. I. Sense of community and job satisfaction among social and health care managers. *Leadership in Health Services*, 2015 (28): 228-244.

[147] Lance, C. E., Butts, M. M., & Michels, L. C.. The sources of four commonly reported cutoff criteria what did they really say? . *Organizational Research Methods*, 2006, 9 (2): 202-220.

[148] Lavelle, J. J., Rupp, D. E., & Brockner, J. Taking a multifoci approach to the study of justice, social exchange, and citizenship behavior: The target similarity model. *Journal of Management*, 2007 (33): 841-866.

[149] Lawler, E. E. *Motivation in work organizations*. Monterey, CA: Brooks/Cole, 1973.

[150] Lawrence, P. R., & Lorsch, J. W. *Organization and environment*. Homewood, IL: Irwin, 1967.

[151] Lee G. L., Diefendorff J. M., Kim T-Y., & Bian L. Personality and participative climate: Antecedents of distinct voice behaviors. *Human Performance*, 2014 (27): 25-43.

[152] Lee, J. Company and union commitment: Evidence from an adversarial industrial relations climate at a Korean auto plant. *International Journal of Human Resource Management*, 2004, 15 (8): 1463-1480.

[153] LePine J. A., Van Dyne L. Predicting voice behavior in work groups. *Journal of Applied Psychology*, 1998 (83): 853-868.

[154] LePine J. A., Van Dyne L. Voice and cooperative behavior as contrasting forms of contextual performance: Evidence of differential relationships with big five personality characteristics and cognitive ability. *Journal of Applied Psychology*, 2001 (86): 326-336.

[155] Levine, D. I. What do wages buy? *Administrative Science Quarterly*, 1993 (38): 462-483.

[156] Levy, P. E., Herb, K., Frantz, N., & Carr, A. Employee well-being: Can performance management systems help? Yes, but they sure can hurt too! In *Work and Quality of Life*. Springer, Dordrecht, 2012: 133-155.

[157] Li, Y., & Sun, J. Traditional Chinese leadership and employee voice behavior: A cross-level examination. *The Leadership Quarterly*, 2015 (26): 172-189.

[158] Liang J, Farh CI, Farh J-L. Psychological antecedents of promotive and prohibitive voice: A two-wave examination. *Academy of Management Journal*, 2012 (55): 71-92.

[159] Liang J, Gong Y. Capitalizing on proactivity for informal mentoring received during early career: The moderating role of core self-evaluations. *Journal of Organizational Behavior*, 2013 (34): 1182-1201.

[160] Liao, H. , & Chuang, A. A multilevel investigation of factors influencing employee service performance and customer outcomes. *Academy of Management Journal*, 2004 (47): 41-58.

[161] Lin S-H. , & Johnson R. E. A suggestion to improve a day keeps your depletion away: Examining promotive and prohibitive voice behaviors within a regulatory focus and ego depletion framework. *Journal of Applied Psychology*, 2015 (100): 1381-1397.

[162] Lin, A. Employee Stock Ownership and Employee Psychological Ownership: The Moderating Role of Individual Characteristic. *The Business & Management Review*, 2012, 2 (2): 190.

[163] Liu, W. , Tangirala, S. , Lam, W. , Chen, Z. , Jia, R. T. , & Huang, X. How and when peers' positive mood influences employees' voice. *Journal of Applied Psychology*, 2015 (100): 976-989.

[164] Liu, D. , Liao, H. , & Loi, R. The dark side of leadership: A three-level investigation of the cascading effect of abusive supervision on employee creativity. *Academy of Management Journal*, 2012 (55): 1187-1212.

[165] Locke, E. A. , & P. G. Latham Work motivation and satisfaction: Light at the end of the tunnel. *Psychological Science*, 1990 (1): 240-246.

[166] Long, D. A. , & Perkins, D. D. Confirmatory factor analysis of the sense of community index and development of a brief SCI. *Journal of Community Psychology*, 2003 (31): 279-296.

[167] Long, R. J. The effects of employee ownership on organizational identification, employee job attitudes, and organizational performance: A tentative framework and empirical findings. *Human Relations*, 1978, 31 (1): 29-48.

[168] Love, M. S. Security in an insecure world: An examination of individualism-collectivism and psychological sense of community at work. *Career Development International*, 2007 (12): 304-320.

[169] Lyubomirsky, S. , Sheldon, K. M. , & Schkade, D. Pursuing happiness: The architecture of sustainable change. *Review of General Psychology*, 2005, 9 (2): 111.

[170] Manion, J. , & Bartholomew, K. Community in the workplace: A proven retention strategy. *Journal of Nursing Administration*, 2004, 34 (1): 46-53.

[171] March, J. , & Olsen, P. *Rediscovering institutions: The organizational basis of politics.* New York, NY: Free Press, 1989.

[172] Marcus – Newhall, A. , Pedersen, W. C. , Carlson, M. , & Miller, N. Displaced aggression is alive and well: A meta-analytic review. *Journal of Personality and Social Psychology*, 2000 (78): 670-689.

[173] Maslow, A. H. A theory of human motivation. *Psychological Review*, 1943 (50): 370-396.

[174] Maslow, A. H. Eupsychia: The good society. *Journal of Humanistic Psychology*, 1961, 1 (2): 1-11.

[175] Maslow, A. H. *Eupsychian management: A journal.* Homewood, IL: Irwi, 1965.

[176] Masterson, S. S. A trickle-down model of organizational justice: Relating employees' and customers' perceptions of and reactions to fairness. *Journal of Applied Psychology*, 2001 (86): 594-604.

[177] Mawritz, M. B. , Mayer, D. M. , Hoobler, J. M. , Wayne, S. J. , & Marinova, S. V. A trickle – down model of abusive supervision. *Personnel Psychology*, 2012 (65): 325-357.

[178] Mayer, D. M. , Kuenzi, M. , Greenbaum, R. L. , Bardes, M. , & Salvador, R. How does ethical leadership flow? Test of a trickle-down model. *Organizational Behavior and Human Decision Processes*, 2009 (108): 1-13.

[179] Mayer, R. C. , & Schoorman, F. D. Differentiating antecedents of organizational commitment: A test of March and Simon's model. *Journal of Organizational*

Behavior: *The International Journal of Industrial*, *Occupational and Organizational Psychology and Behavior*, 1998, 19 (1): 15-28.

[180] Maynes, T., & Podsakoff, P. Speaking more broadly: An examination of the nature, antecedents, and consequences of an expanded set of employee voice behaviors. *Journal of Applied Psychology*, 2013, 9 (1): 1-26.

[181] McCabe, D., & Lewin, D. Employee voice: A human resource management perspective. *California Management Review*, 1992, 34 (3): 112-123.

[182] McClelland, D. C. *The achieving society.* New York, NY: Free Press, 1961.

[183] McClelland, D. C., Atkinson, J. W., Clark, R. A., & Lowell, E. L. *The achievement motive.* East Norwalk, CT: Appleton-Century-Crofts, 1953.

[184] McCole, D. Seasonal employees: The link between sense of community and retention. *Journal of Travel Research*, 2015 (54): 193-205.

[185] McCole, D., Jacobs, J., Lindley, B., & McAvoy, L. The relationship between seasonal employee retention and sense of community: The case of summer camp employment. *Journal of Park & Recreation Administration*, 2012, 30 (2): 85-101.

[186] McConville, D., Arnold, J., & Smith, A. Employee share ownership, psychological ownership, and work attitudes and behaviours: A phenomenological analysis. *Journal of Occupational and Organizational Psychology*, 2016, 89 (3): 634-655.

[187] McGregor, D. *The human side of enterprise.* New York, NY: McGraw-Hill, 1960.

[188] McMillan, D. W. Sense of community, a theory not a value: A response to Nowell and Boyd. *Journal of Community Psychology*, 2011 (39): 507-519.

[189] McMillan, D. W., & Chavis, D. M. Sense of community: A definition and theory. *Journal of Community Psychology*, 1986 (14): 6-23.

［190］Morgan, A., & Finniear, J. Migrant workers and the changing psychological contract. *Journal of European Industrial Training*, 2009, 33 (4): 305-322.

［191］Morrison E W. Employee voice behavior: Integration and directions for future research. *Academy of Management Annals*, 2011 (5): 373-412.

［192］Morrison E W. Employee voice and silence. *Annual Review of Organizational Psychology and Organizational Behavior*, 2014 (1): 173-197.

［193］Murray, H. A. *Explorations in personality*. New York, NY: Oxford, 1938/2008.

［194］Naumann, S. E., & Bennett, N. A case for procedural justice climate: Development and test of a multilevel model. *Academy of Management Journal*, 2000 (43): 881-889.

［195］Neubert M J, Wu C, Roberts JA. The influence of ethical leadership and regulatory focus on employee outcomes. *Business Ethics Quarterly*, 2013 (23): 269-296.

［196］Ng T W, Feldman D C. Employee voice behavior: A meta-analytic test of the conservation of resources framework. *Journal of Organizational Behavior*, 2012 (33): 216-234.

［197］Nirenberg, J. Workplace community: Aligning organisational structure to a creative-intensive world. *Interconnections*, 2011 (6): 30-39.

［198］Norrish, J. M., & Vella-Brodrick, D. A. Is the study of happiness a worthy scientific pursuit? *Social Indicators Research*, 2008, 87 (3): 393-407.

［199］Nowell, B., & Boyd, N. M. Viewing community as responsibility as well as resource: Deconstructing the theoretical roots of psychological sense of community. *Journal of Community Psychology*, 2010, 38 (7): 828-841.

［200］Nowell, B., & Boyd, N. M. Sense of community as construct and theory: Authors' response to McMillan. *Journal of Community Psychology*, 2011 (39): 889-893.

［201］Nowell, B., & Boyd, N. M. Sense of community responsibility in community collaboratives: Advancing a theory of community as resource and responsibility. *American Journal of Community Psychology*, 2014 (54): 229-242.

[202] Nowell, B., Izod, A. M., Ngaruiya, K. M., & Boyd, N. M. Public service motivation and sense of community responsibility: Comparing two motivational constructs in understanding leadership within community collaboratives. *Journal of Public Administration Research & Theory*, 2016 (26): 663-676.

[203] O'Donohue, W., & Wickham, M. Managing the psychological contract in competitive labor-market conditions. *Journal of Global Business Issues*, 2008, 2 (2): 23-31.

[204] O'Donohue, W., Sheehan, C., Hecker, R., & Holland, P. The psychological contract of knowledge workers. *Journal of Knowledge Management*, 2007, 11 (2): 73-82.

[205] Oehmichen, J., M. Wolff and U. Zschoche. Employee participation in employee stock ownership plans: Cross-level interaction effects of institutions and workgroup behavior. *Human Resource Management*, 2018, 57 (5): 1023-1037.

[206] Olckers, C. Psychological ownership: Development of an instrument. *SA Journal of Industrial Psychology*, 2013, 39 (2): 1-13.

[207] Organ, D. W., & Konovsky, M. Cognitive versus affective determinants of organizational citizenship behavior. *Journal of Applied Psychology*, 1989, 74 (1): 157-164.

[208] Ownership Associates, Inc. *Ownership Theory: Rights and Responsibilities*. Speech to the Foundation for Enterprises Development Conference. La Jolla, September 26, 1995. Published in Foundation for Enterprise Development Annual Report, January 1996.

[209] Ownership Associates, Inc. *Self-Direction and Employee Ownership*. Working Paper, July 10, 1998.

[210] Page, K. M., & Vella-Brodrick, D. A. The "what", "why" and "how"

of employee well-being: A new model. *Social Indicators Research*, 2009, 90 (3): 441-458.

[211] Park, J. S. *How does employee empowerment contribute to higher individual and workgroup performance? An empirical assessment of a trickle-down model in law enforcement agencies in Ohio.* Unpublished doctoral dissertation, Ohio State University, Columbus, 2017.

[212] Pate, J. , & Scullion, H. The changing nature of the traditional expatriate psychological contract. *Employee Relations*, 2009, 32 (1): 56-73.

[213] Peck M. S. *The different drum: Community making and peace.* New York: Simon & Schuster, 1987.

[214] Pendleton, A. , & Robinson, A. Employee stock ownership, involvement, and productivity: An interaction-based approach. *ILR Review*, 2010, 64 (1): 3-29.

[215] Perkins, D. , Florin, P. , Rich, R. , Wandersman, A. , & Chavis, D. Participation and the social and physical environment of residential blocks: Crime and community context. *American Journal of Community Psychology*, 1990, 18 (1): 83-115.

[216] Perry, L. S. Effects of inequity on job-satisfaction and self-evaluation in a national sample of African-American workers. *The Journal of Social psychology*, 1993, (133): 565-573.

[217] Peters, T. J. , & Waterman, R. H. *In search of excellence: Lessons from America's best run companies.* New York: Harper Collins, 1982.

[218] Peterson, N. A. , Speer, P. W. , & McMillan, D. W. Validation of a brief sense of community scale: Confirmation of the principal theory of sense of community. *Journal of Community Psychology*, 2008 (36): 61-73.

[219] Pfeffer, J. Working alone. what ever happened to the idea of organizations as communities? In E. E. Lawler, & J. O. O'Toole (Eds.), *America at work: Choices*

and challenges. New York: Palgrave McMillian, 2006: 3-21.

[220] Pfeiffer, T. , Rutte, C. , Killingback, T. , Tarborsky, M. , & Bonhoneffer, S. Evolution of cooperation by generalized reciprocity. *Proceedings of the Royal Society B: Biological Sciences*, 2005 (272): 1115-1120.

[221] Pierce, J. L. , & Rodgers, L. The psychology of ownership and worker-owner productivity. *Group & Organization Management*, 2004, 29 (5): 588-613.

[222] Pierce, J. L. , Jussila, I. , & Cummings, A. Psychological ownership within the job design context: Revision of the job characteristics model. Journal of Organizational Behavior: The International Journal of Industrial, *Occupational and Organizational Psychology and Behavior*, 2009, 30 (4): 477-496.

[223] Pierce, J. L. , Kostova, T. , & Dirks, K. T. Toward a theory of psychological ownership in organizations. *Academy of Management Review*, 2001, 26 (2): 298-310.

[224] Pierce, J. L. , Kostova, T. , & Dirks, K. T. The state of psychological ownership: Integrating and extending a century of research. *Review of General Psychology*, 2003, 7 (1): 84-107.

[225] Pierce, J. L. , O'driscoll, M. P. , & Coghlan, A. M. Work environment structure and psychological ownership: The mediating effects of control. *The Journal of Social Psychology*, 2004, 144 (5): 507-534.

[226] Pierce, J. L. , Rubenfeld, S. A. , & Morgan, S. Employee ownership: A conceptual model of process and effects. *Academy of Management Review*, 1991, 16 (1): 121-144.

[227] Porter, M. E. *Competitive advantage: Creating and sustaining superior performance*. New York: Free Press, 1985.

[228] Pretty, G. M. H. , & McCarthy, M. Exploring psychological sense of community among women and men of the corporation. *Journal of Community Psychology*, 1991, 19 (4): 351-361.

［229］Pretty, G. , Conroy, C. , Dugay, J. , Fowler, K. , & Williams, D. Sense of community and its relevance to adolescents of all ages. *Journal of Community Psychology*, 1996 (24): 365-379.

［230］Prezza, M. , & Costantini, S. Sense of community and life satisfaction: Investigation in three different territorial contexts. *Journal of Community & Applied Social Psychology*, 1998 (8): 181-194.

［231］Prezza, M. , & Pacilli, M. G. Current fear of crime, sense of community and loneliness in Italian adolescents: The role of autonomous mobility and play during childhood. *Journal of Community Psychology*, 2007 (35): 151-170.

［232］Pugh, W. N. , Oswald, S. L. , & Jahera Jr, J. S. The effect of ESOP adoptions on corporate performance: Are there really performance changes? *Managerial and Decision Economics*, 2000, 21 (5): 167-180.

［233］Pyman, A. , Holland, P. , Teicher, J. , & Cooper, B. K. Industrial relations climate, employee voice and managerial attitudes to unions: An Australian study. *British Journal of Industrial Relations*, 2010, 48 (2): 460-480.

［234］Ray, K. K. Employee stock option plan and firm performance: A quantile regression approach. *Asian Journal of Empirical Research*, 2016, 6 (6): 152-166.

［235］Rhodes, S. R. , and Steer, R. M. Conventional vs. worker-owned firms. *Human Relations*, 1981 (34): 1013-1035.

［236］Riketta, M. Organizational identification: A meta-analysis. *Journal of Vocational Behavior*, 2005 (66): 358-384.

［237］Robinson, S. L. Trust and breach of the psychological contract. *Administrative Science Quarterly*, 1996 (41): 574-599.

［238］Robinson, S. L. , Kraatz, M. S. , & Rousseau, D. M. Changing obligations and the psychological contract: A longitudinal study. *Academy of Management Journal*, 1994, 37 (1): 137-152.

［239］Rooney, P. M. Worker participation in employee-owned firms. *Journal of*

Economic Issues, 1988, 22 (2): 451-458.

[240] Rosen, C., & Quarrey, M. How well is employee ownership working? *Harvard Business Review*, 1987, 65 (5).

[241] Rosen, C., Case, J., & Staubus, M. Every employee an owner. Really. *Harvard business review*, 2005, 83 (6): 122-130.

[242] Rousseau D. M. *Community: The tie that binds.* New York: University Press of America, 1991.

[243] Rousseau, D. M. Psychological and implied contracts in organizations. *Employee Responsibilities & Rights Journal*, 1989, 2 (2): 121-139.

[244] Rousseau, D. M. New hire perceptions of their own and their employer's obligations: A study of psychological contracts. *Journal of Organizational Behavior*, 1990 (11): 389-400.

[245] Rousseau, D. M. *Psychological contracts in organizations: Understanding written and unwritten agreements.* Thousand Oaks, CA: Sage, 1995.

[246] Rousseau, D. M. The "problem" of the psychological contract considered. *Journal of Organizational Behavior*, 1998 (19): 665-671.

[247] Rousseau, D. M. Schema, promise and mutuality: The building blocks of the psychological contract. *Journal of Occupational and Organizational Psychology*, 2001 (74): 511-541.

[248] Rousseau, D. M. *Psychological contract inventory technical report.* Pittsburgh, PA: Carnegie Mellon University, 2002.

[249] Rousseau, D. M. Psychological contracts in the workplace: Understanding the ties that bind. *Academy of Management Executive*, 2004, 18 (1): 120-127.

[250] Rousseau, D. M. *I-Deals: Idiosyncratic deals employees bargain for themselves.* Armonk, NY: M. E. Sharpe, 2005.

[251] Royal, M. A., & Rossi, R. J. Individual-level correlates of sense of community: Findings from workplace and school. *Journal of Community Psychology*,

1996（24）：395-416.

［252］Rubinstein, S. The impact of co-management on quality performance: the case of the saturn corporation. *Industrial and Labor Relations Review*, 2000, 53（2）：197-218.

［253］Rusbult CE, Zembrodt IM, Gunn LK. Exit, voice, loyalty, and neglect: Responses to dissatisfaction in romantic involvements. *Journal of Personality and Social Psychology*, 1982（43）：1230-1242.

［254］Ryan, R. M., & Deci, E. L. On happiness and human potentials: A review of research on hedonic and eudaimonic well-being. *Annual Review of Psychology*, 2001（52）：141-166.

［255］Ryan, R. M., & Deci, E. L. From ego depletion to vitality: Theory and findings concerning the facilitation of energy available to the self. *Social and Personality Psychology Compass*, 2008, 2（2）：702-717.

［256］Ryff, C. D. Happiness is everything, or is it? Exploration on the meaning of psychological well-being. *Journal of Personality and Social Psychology*, 1989, 57（6）：1069-1081.

［257］Sarason, S. B. *The psychological sense of community: Prospects for a community psychology*. San Francisco, CA: Jossey-Bass, 1974.

［258］Schaubroeck, J. M., Hannah, S. T., Avolio, B. J., Kozlowski, S. W. J., Lord, R. G., Treviño, L. K., Dimotakis, N., & Peng, A. C. Embedding ethical leadership within and across organizational levels. *Academy of Management Journal*, 2012（55）：1053-1078.

［259］Schein, E. H. *Organizational psychology*. Englewood Cliffs, NJ: Prentice-Hall, 1980.

［260］Schneider, B. and Reichers, A. E. On the etiology of climates. *Personnel Psychology*, 1983（36）：19-39.

［261］Schumacher, E. F. *Small is beautiful: A study of economics as if people mattered*. New York: Harper and Row, 1973.

[262] Senge, P. M. *The fifth discipline: The art and practice of the learning organization*. New York: Doubleday, 1990.

[263] Shaffer C, & Anundsen K. *Creating community anywhere: Finding support and connection in a fragmented world*. New York: Jeremy P. Tarcher, 1993.

[264] Shanock, L. R., & Eisenberger, R. When supervisors feel supported: Relationships with subordinates' perceived supervisor support, perceived organizational support, and performance. *Journal of Applied Psychology*, 2006 (91): 689-695.

[265] Sheldon, K. M., & Lyubomirsky, S. Achieving sustainable new happiness: Prospects, practices, and prescriptions. *Positive Psychology in Practice*, 2004: 127-145.

[266] Sheldon, K. M., Abad, N., Ferguson, Y., Gunz, A., Houser-Marko, L., Nichols, C. P., & Lyubomirsky, S. Persistent pursuit of need-satisfying goals leads to increased happiness: A 6-month experimental longitudinal study. *Motivation and Emotion*, 2010, 34 (1): 39-48.

[267] Slevin, D. P., & Covin, J. G. Strategy formation patterns, performance, and the significance of context. *Journal of Management*, 1997 (23): 189-209.

[268] Sparrow, P. R. Transitions in the psychological contract: Some evidence from the banking sector. *Human Resource Management Journal*, 1996, 6 (4): 75-92.

[269] Spreitzer, G. M. Social structural characteristics of psychological empowerment. *Academy of Management Journal*, 1996 (39): 483-504.

[270] Stein, A. Employee communications and community: An exploratory study. *Journal of Public Relations Research*, 2006 (18): 249-264.

[271] Tedeschi, J. T., & Norman, N. M. A social psychological interpretation of displaced aggression. *Advances in Group Processes*, 1985 (2): 29-56.

[272] Tepper, B. J., & Taylor, E. C. Relationships among supervisors' and

subordinates' procedural justice perceptions and organizational citizenship behaviors. *Academy of Management Journal*, 2003（46）：97-105.

［273］ Tepper, B. J. , Duffy, M. K. , Henle, C. A. , & Lambert, L. S. Procedural injustice, victim precipitation, and abusive supervision. *Personnel Psychology*, 2006（59）：101-123.

［274］ Tremblay, M. , Sire, B. , & Balkin D. B. The role of organizational justice in pay and employee benefit satisfaction and its effects on work attitude. *Group and Organization Management*, 1998, 25（3）：269-290.

［275］ Van Dyne, L. , & Pierce, J. L. Psychological ownership and feelings of possession: Three field studies predicting employee attitudes and organizational citizenship behavior. *Journal of Organizational Behavior*, 2004, 25（4）：439-459.

［276］ Vroom, V. H. *Work and motivation*. New York, NY: Wiley, 1964.

［277］ Walumbwa, F. , & Schaubroeck, J. Leader personality traits and employee voice behavior: Mediating roles of ethical leadership and work group psychological safety. *Journal of Applied Psychology*, 2009, 94（5）：1275-1286.

［278］ Wayne, S. J. , Liden, R. C. , Graf, I. K. , & Ferris, G. R. The role of upward influence tactics in human resource decisions. *Personnel Psychology*, 1997（50）：979-1006.

［279］ White, R. W. Motivation reconsidered: The concept of competence. *Psychological Review*, 1959（66）：297-333.

［280］ Williams, L. & Anderson, S. Job satisfaction and organizational commitment as predictors of organizational citizenship and in-role behaviors. *Journal of Management*, 1991（17）：601-617.

［281］ Withey M. J. , & Cooper W. H. Predicting exit, voice, loyalty, and neglect. *Administrative Science Quarterly*, 1989（34）：521-539.

［282］ Wo, X. H. D. , Ambrose, L. M. , & Schminke, M. What drives trickledown effects? A test of multiple mediation processes. *Academy of Management Journal*,

2015（58）：1848-1868.

［283］Wolff, T. , Swift, C. , & Johnson-Hakim, S. The history of community psychology practice in the United States. In V. C. Scott, & S. M. Wolfe（Eds. ）, *Community psychology*：*Foundations for practice*. Thousand Oaks, CA：Sage，2015：1-34.

［284］Wright, T. A. , & Cropanzano, R. The role of psychological well-being in job performance：A fresh look at an age-old quest. *Organizational Dynamics*，2004，33（4）：338-351.

［285］Wu, H. L. , Su, W. C. , & Lee, C. Y. Employee ownership motivation and individual risk-taking behaviour：A cross-level analysis of Taiwan's privatized enterprises. *The International Journal of Human Resource Management*，2008，19（12）：2311-2331.

［286］Yates, J. S. Modeling ESOP company management for better operations and profits. *Journal of Employee Ownership Law and Finance*，2000，12（2）：107-126.

［287］Zhang Y, LePine J, Buckman B, Wei F. It's not fair . . . or is it? The role of justice and leadership in explaining work stressor-job performance relationships. *Academy of Management Journal*，2014（57）：675-697.

［288］Zhang, X. , Lin, Z. , Liu, Y. , Chen, X. , & Liu, D. M. How do human resource management practices affect employee well-being? A mediated moderation model. *Employee Relations*：*The International Journal*，2020.

［289］Zhu, Z. , Hoffmire, J. , Hoffmire, J. , & Wang, F. Employee stock ownership plans and their effect on productivity：The case of Huawei. *International Journal of Business and Management Invention*，2013，2（8）：17-22.

［290］毕京建，王常友，王兴飞. 构建国有企业与员工命运共同体的深度思考［J］. 山东工会论坛，2016（6）：63-67.

［291］陈万思，丁珏，余彦儒. 参与式管理对和谐劳资关系氛围的影响：组织公平感的中介作用与代际调节效应［J］. 南开管理评论，2013（6）：47-58.

[292] 陈文沛，彭菲，陈雨凡．员工持股、心理所有权与员工绩效：基于员工分类 [J]．北京邮电大学学报（社会科学版），2018（6）：52-60.

[293] 储小平，刘清兵．心理所有权理论对职业经理职务侵占行为的一个解释 [J]．管理世界，2005（7）：83-93.

[294] 崔勋，张义明，瞿皎姣．劳动关系氛围和员工工作满意度：组织承诺的调节作用 [J]．南开管理评论，2012（2）：19-30.

[295] 崔勋，吴海艳．劳动关系氛围研究 [J]．中国人力资源开发，2011（3）：5-9.

[296] 邓白桦．纳粹德国"企业共同体"劳资关系模式研究 [D]．华东师范大学，2009.

[297] 丁长发．职工持股制度（ESOP）的理论研究与实证分析 [D]．厦门大学，2002.

[298] 董津津，陈关聚．创新网络嵌入性、社区意识对企业创新绩效的影响 [J]．科技进步与对策，2020（5）：77-86.

[299] 黄桂田，张悦．国有公司员工持股绩效的实证分析——基于 1302 家公司的样本数据 [J]．经济科学，2009（4）：86-94.

[300] 黄群慧，余菁，王欣，邵婧婷．新时期中国员工持股制度研究 [J]．中国工业经济，2014（7）：5-16.

[301] 李季．员工持股计划及其激励效果研究 [D]．北京邮电大学，2014.

[302] 李文贵，余明桂．民营化企业的股权结构与企业创新 [J]．管理世界，2015（4）：112-125.

[303] 李原，孙健敏．雇佣关系中的心理契约：从组织与员工双重视角下考察契约中组织责任的认知差异 [J]．管理世界，2006（11）：66-85.

[304] 梁慧瑜．中国员工持股法律制度研究 [D]．厦门大学，2007.

[305] 梁建，樊景立．理论构念的测量 [M]．北京：北京大学出版社，2008.

[306] 林建．国有非上市企业员工持股策略选择 [J]．沈阳师范大学学报（社会科学版），2018，42（5）：50-54.

［307］卢梭．社会契约论［M］．何兆武译．北京：商务印书馆，2010.

［308］罗丽娟．混合所有制企业员工持股论［D］．国家行政学院，2019.

［309］罗胜强，姜嬿．管理学问卷调查研究方法［M］．重庆：重庆大学出版社，2014.

［310］罗永泰，王连成．基于"命运共同体"视角的和谐员工关系构建研究［J］．北京工商大学学报（社会科学版），2011（3）：94-98.

［311］罗智渊．中国员工持股制度研究［D］．首都经济贸易大学，2011.

［312］裴迪南·滕尼斯．共同体与社会［M］．张巍卓译．北京：商务印书馆，2019.

［313］彭川宇．职业承诺对知识员工心理契约、工作满意度及离职倾向关系的研究［J］．科学学与科学技术管理，2008（12）：167-171.

［314］秦志华，蒋韶华，林莹．产权变革与企业效益——一个内部人平均持股企业的制度分析［J］．管理世界，2005（6）：115-125.

［315］沈昊，杨梅英．国有企业混合所有制改革模式和公司治理——基于招商局集团的案例分析［J］．管理世界，2019，35（4）：171-182.

［316］沈红波，华凌昊，许基集．国有企业实施员工持股计划的经营绩效：激励相容还是激励不足［J］．管理世界，2018，34（11）：121-133.

［317］司远峰．基于心理契约的90后知识型员工离职倾向研究［D］．南京航空航天大学，2015.

［318］孙健敏，李秀凤．工作幸福感的概念演进与测量［J］．中国人力资源开发，2016（13）：38-47.

［319］唐鑛，杨振彬．人力资源与劳动关系管理［M］．北京：清华大学出版社，2018.

［320］田婷，顾客间互动、社群意识与顾客公民行为的关系研究［D］．山东大学，2017.

［321］田在兰．领导授权赋能行为对知识型员工建言行为影响的实证研究［D］．华南理工大学，2014.

［322］王晋斌，李振仲．内部职工持股计划与企业绩效——对西方和我国企业案例的考察［J］．经济研究，1998（5）：56-62.

［323］王茜．职业成长对员工建言行为的作用机理研究［D］．中国科学技术大学，2014.

［324］文宏，林仁镇．情感嵌入：城市基层治理共同体建构的实现逻辑——基于佛山市南海区的实践考察［J］．社会科学研究，2023（2）：43-52.

［325］肖淑芳，胥春悦，刘珊珊．员工持股计划公告的市场反应——基于中国上市公司的经验数据［J］．北京理工大学学报（社会科学版），2018，20（4）：72-80.

［326］晓亮．员工持股与产权制度改革［J］．现代经济探讨，2002.

［327］闫金红．全球抗疫背景下人类命运共同体的理论溯源及现实思考［J］．哈尔滨工业大学学报（社会科学版），2022，24（1）：9-15.

［328］杨欢亮．西方员工持股理论综述［J］．经济学动态，2003（7）：65-68.

［329］杨肇中，姚依．论"人类命运共同体"建构视野下中国特色社会主义核心价值观的普遍性维度——兼从儒学近代演变看［J］．中国石油大学学报（社会科学版），2021，37（3）：64-70.

［330］杨哲．员工持股计划与组织公民行为［D］．北京理工大学，2016.

［331］印智平．员工持股计划的激励效应及政策完善［J］．财经界（学术版），2019（5）：35-36.

［332］余晖，顾颉．现代企业的发展机制——来自福建实达电脑（集团）股份有限公司的案例［J］．管理世界，2000（1）：169-183.

［333］张小宁．分享制企业激励制度的比较——利润分成、员工持股、EVA、分配权等的比较分析［J］．中国工业经济，2003（10）：82-88.

［334］张小宁．经营者报酬、员工持股与上市公司绩效分析［J］．世界经济，2002（10）：57-64.

［335］祝慧烨，崔佳颖．价值观管理［M］．北京：企业管理出版社，2008．

［336］邹琼，佐斌，代涛涛．工作幸福感：概念、测量水平与因果模型［J］．心理科学进展，2015（4）：669-678．